JN028861

［新訂］

心のケア

が必要な
思春期・青年期の
ソーシャルワーク

西隈亜紀 著
NISHIKUMA Aki

中央法規

はじめに

　本書を出版して10年。その間多くの方に読んでいただき、このたび新訂版を発刊できることとなった。

　この10年間、筆者は心のケアが必要な若者のためのグループホーム「キキ」を運営してきた。つらい症状や苦しい背景を抱えている彼・彼女らとのかかわりの日々は、大げさではなく「格闘」という言葉がしっくりくる気がする。とはいえ、キキを開設したことを悔いたことは一度もない。自分の力不足に申し訳ない思いや、もっと何か力になれなかったのか、と思うばかりの日々であったが、それでも「この方を受け入れられててよかった」との思いで今日までやってこられた。特に、10代で受け入れた方の20歳の誕生日をキキで迎えることができたときの感動はひとしおであった。

　さて、筆者がグループホームという生活の場で若者とがっつりかかわっている10年間に、世の中はずいぶん変わり、社会福祉に関する法制度もさまざまな改正があった。2023（令和5）年4月、こども家庭庁が設立され、児童福祉法が改正され、こども家庭ソーシャルワーカーという認定資格が創設されることとなった。それは、幼い子どものむごい虐待死が次々と明るみになったことに起因している。しかし、これらの法整備で子どもが少しでも健やかに育ちやすい環境になるかどうかは未知数だ。

　地域若者サポートステーション事業（サポステ）が全国に広がるなど、若者支援にも少しずつ光が当たっているが、サポステは精神疾患や障害がある人は基本的に対象としておらず、心のケアが必要な若者支援は、相変わらず「制度の狭間」に取り残されている感がある。それでも、たとえば「発達障害」がより世間に知られるようになったことや、障害者総合支援法のグループホームが全国的に増えていることなど、明るい兆しもある。グループホームに関しては、数が増えたことにより、支援の質が課題となっている。

　「生きづらさ」がキーワードとなっている昨今、心のケアが必要な若者は増え続けているが、まだまだ「若者の支援は苦手」「リストカットする人と

1

どうやってかかわったらいいかわからない」という援助者は多いだろう。そんな人に、本書を手に取ってもらえたらと思う。

　本書を書いたいきさつについては、10年前に記した「はじめに」の一部をそのまま引用したい。

＊　　　＊　　　＊

　悩める若者たちが精神科に多く訪れる時代となった。若者とは思春期、そして青年期を指す。人間の発達過程において、これほど不安定で危機的な時期はない。古今東西の多くの先人たちが指摘してきた数々の言葉……、「疾風怒濤の時期」「アイデンティティの危機」等を聞いたことがある人も多いだろう。

　リストカットや大量服薬などの自傷行為、ひきこもり、家庭内暴力、薬物中毒……といった、本人も周囲も困る症状を示す若者。うつ病や統合失調症などの精神疾患を患っている若者。発達障害や知的障害などで環境と不適応を起こして困っている若者。現代の日本でも、心の問題を抱え、助けを求めている思春期・青年期の若者は無数にいる。

　一方、我々ソーシャルワーカーは、このような心のケアが必要な若者のニーズに応えられているだろうか。彼らの苦しみを理解しようとし、寄り添おうとし、手を差しのべることができているだろうか。

　心のケアが必要な思春期・青年期の若者について、適切にサポートできるソーシャルワーカーは残念ながら多くはいない。心身ともに成長・発達過程にいる若者には、その時期にあわせた独特の援助技術が必要であるが、心のケアをも網羅したソーシャルワークの専門書はなく、援助技術も確立していないため、実践家が育っていないのである。

＊　　　＊　　　＊

　筆者は、精神科病院で12年間ソーシャルワーカー（精神保健福祉士）として働き、多くの思春期・青年期の若者とかかわってきた。衝動性が高く自傷他害を抑えられないような若者に振り回され、しかし、このような若者を

対象としたソーシャルワークの専門書もなかったため、精神医学や心理学の専門書を読んだり、精神科医に助言をもらったりしながら、手探りでかかわっていた。こうした臨床経験から積み上げたかかわり方を援助技術として体系化するために、働きながら大学院に進学して研究し、「精神的ケアを必要とする若者へのソーシャルワークのあり方」として研究論文にまとめた。本書はこの論文をベースに、その後の臨床実践でさらに検証したものをわかりやすく整理したものである。

新訂版を出すにあたり、よりわかりやすい仕様にするために、後半に独立した「事例編」をつけた。個別性を大切にするソーシャルワークの援助技術は、マニュアル化できるものでは決してないが、さまざまな場面を想定して、かかわり方の例を具体的に記述した。若者の言動に振り回され悩んでおられる援助者に、少しでも道しるべとなるものを届けたいと思ったからだ。

また、グループホームは精神科病院と違い、医師もいないし多くの人手もない。交替勤務で基本的にスタッフ１人で利用者にかかわる。たった１人で不安定な若者にどうやってかかわるか、ここでなんと声をかけるかということが問われる日々である。このようなグループホームでの10年の臨床で得た知見も加えたいと考え、本編に「危機的な状況での対応」という新たな項目を書いた。これに対応する事例編には、利用者が「死にたい」と深夜に電話をかけてきたときのかかわり方なども記している。

本書は、筆者の職種であるソーシャルワーカー（SW）を文中の主語としているが、ソーシャルワーカー以外の対人援助職の方々も、若者とかかわるときにソーシャルワークを意識した実践をしている方が多いと思う。また、場面が精神科病院となっているものが多いが、地域の事業所や子どもの施設でも同じような光景に出くわすことがあると思う。教育や司法の分野で、心のケアが必要な若者とのかかわり方に悩んでおられる方もいるだろう。適宜読み替えていただければと思う。

職種を問わず、生きづらい若者たちとかかわるさまざまな対人援助職の方々に読んでいただき、一人でも多くの若者に心のケアとなる支援を届けてほしい。それが筆者の切なる願いである。

CONTENTS

第1章　専門機関につながる方法

第2章　本人とのかかわり方

第3章　家族問題への介入の仕方

第6章　恋愛、結婚、出産への向き合い方

第7章 自立に向けた支援

事例 ~状況別ケース対応

CONTENTS

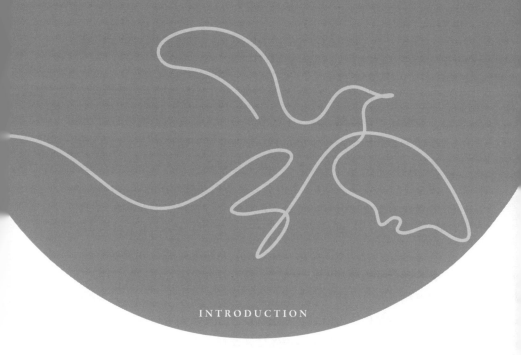

INTRODUCTION

序章

1 生きづらさを抱える思春期・青年期の若者たち

　思春期・青年期とは、子どもから大人になる過程の時期である。子どもと大人をつなぐトンネルを通り抜けるようなものだと筆者は感じている。トンネルを抜けると大人としての人生が待っているのであるが、そのトンネルの長さや形態は、人によって異なるように思う。長かったり短かったり、中が明るかったり暗かったり、曲がりくねっていたり、大勢で通れるほど大きかったり……。さほど長くないトンネルを、脇目も振らずあっさりと通り抜ける人もいれば、長く先が見えない暗闇の中で不安が強くなり、座り込んでしまう人もいるだろう。トンネルの中に入らずに、入口で立ち止まってしまう人もいるかもしれない。それでも、トンネルの先に光が見えたなら、勇気を持って歩いて行けるかもしれない。

　「思春期・青年期」という名のトンネル。この年代の若者が抱える生きづらさとはどのようなものなのか、まずは概観する。

大人になる過程での悩み多き年代

　思春期、そして青年期。この言葉に甘酸っぱい青春時代の思い出がよい経験としてよみがえる大人は、いったいどのくらいいるのだろう。多くの人にとって思春期・青年期は、自分自身のことがわからなかったり、どうにもならない衝動性を抱えていたり、そのことで自分自身に恐怖を感じていたり、経済力などさまざまな面で親の力を借りなければならない自分の無力さを感じていたり等、悩みが多い時期だったのではないだろうか。「若かったあの頃に戻りたい」などと言う人は

きっと、自分の記憶を上手に修正できているのだと思う。記憶を自分に都合よく修正する力もまた、人が生きていくうえで大切なものではあるのだけれど。

　自分の思春期・青年期を思い出してみてほしい。悩んだとき、あなたはどうしていただろうか。家族や友人など、信頼できる人に相談していただろうか。相談しても相手にされなかったり、期待していた答えとはまったく異なる返答をされて、さらに悩みが深くなったりした経験はないだろうか。それとも１人で悩み続けていただろうか。

　もっと子どもの頃だって、あなたは悩んでいたはずである。幼稚園や小学校に通っているときも、親や教員など周囲の大人たちの言動に戸惑ったり納得できなかったりした経験はあるはずだ。けれども言葉で言いくるめられたり、無邪気に遊んでいるうちに忘れることができたりして、なんとか成長を続けていたのではあるまいか──。

　このように、子どもの頃──幼児期・児童期・学童期──は、周囲の大人たちの価値観や環境を取り込みながら成長していくが、思春期に入ると、自分自身を確立していく発達段階に入る。これは、大人になるために自分自身の基本的な人格をつくっていく過程である。その過程で、これまでとは異なる親との距離のとり方、家族以外の他者との距離のとり方や関係のつくり方などを経験し、大人になっていく。

　思春期・青年期とは、年齢でいうと10歳頃から20歳代であり、身体的には、第二次性徴が出現してから成熟していく時期である。10代の若者は、自分の体の成長に伴う変化や心のありように戸惑うことが多いものである。しかも、発達過程は後戻りができない。たとえ心が成長を拒否しても、体は成長していく。

　こうしたことは、大人になるために誰もが必ず通らなければならない発達過程であるが、先が見えない暗いトンネルの中にいるように感じる人もいることだろう。トンネルの先に光が見えているならば、迷わずに突き進んでいけるだろうが、先が見えなければ、暗闇の中で戸

惑ってしまうだろう。立ち止まってしまう人もいるだろう。後戻りしたくても、できない。子どもの頃のように親に相談しても、なんだか違うような気がする。でも誰に相談したらいいのかもわからない。友人に相談しても裏切られるかもしれない。だから不安になり、苦しみ、もがき、悩む。それが思春期であり、それに続く時代が青年期である。

現代社会で感じる閉塞感

　以上のように、昔から思春期・青年期の若者の苦悩は大きい。加えて、現代の日本のさまざまな社会状況がそれに拍車をかけている。

　核家族化、増える離婚等で、家族が子どもを保護する力が落ちている。長引く不況で経済的な余裕のなさから精神的な余裕がなくなっている家庭もある。年々少子化が進むにもかかわらず、顕在化する虐待件数は増加している。

　また、スマートフォンの普及でインターネット内のSNS（ソーシャルネットワーキングサービス）でのコミュニケーションに依存してしまい、現実での人間関係から遠ざかり、人づき合いが苦手になってしまう若者も増えている。SNSは、たとえ自室にひきこもっても追いかけてくるので若者を追い詰めることがある。またスマホで違法薬物も簡単に手に入る時代でもある。

　さらに、たとえ大学を卒業して就職しても、働き方が多様化し、先が見えない時代でもある。終身雇用制度に守られていた親世代とは異なる。

　このような息苦しい現代社会で、閉塞感を感じ、生きづらさを感じている若者たちは増えている。3年ごとに実施されている厚生労働省の患者調査で比較をすると、「精神及び行動の障害」で外来受診した10〜29歳の患者数は、1999年（平成11年調査）は21,500人だったのが、2020年（令和2年調査）は39,300人と増加している。

　心のケアを必要として精神科病院やクリニックを受診する若者が増えていることが、統計でも明らかになっている。

2 支援していくうえでの 独特の難しさ

　このように、思春期・青年期は生きづらさを抱えている年代であり、適切な心のケアを提供すべき若者が多くいる。

　しかし、「若者とかかわるのは難しい。苦手」という声がよく聞かれる。言っているのは精神科病院やクリニック、地域の事業所など精神科領域で働くソーシャルワーカー（以下、SWと略す）たちである。

　一方で、教育や児童福祉の分野で働く人々やSWからは、「精神科に通院するようになったら、私たちの手には負えない」といった声を聞くことが多い。

　こうした発言の背景には、3つの理由があると筆者は考えている。1つめは、SWの教育体制や専門領域における課題。2つめは、「縦割り福祉」によって制度の狭間に落ちてしまう年代であるという問題。3つめは、若者へのかかわり方の独特の難しさに対応できるかというSWの援助技術の問題である。

SWの専門領域における課題

　精神科領域の援助者、特にSWは、若者に対して苦手意識を持っている人が多い。一方、児童思春期の領域の援助者は、リストカットをするなど心のケアが必要な若者への支援に対して苦手意識を持っている人が多い。これは、SW育成の教育体制や法制度上の問題が大きく関係している。

　SWは社会福祉の専門職として、スペシフィックな知識も求められるが、その前提として、ジェネリックな知識が不可欠である。ジェネ

リックな知識とは、社会福祉全般にかかわる歴史的背景や理念、制度
等、そしてそれらをふまえたうえでの基礎的な社会福祉援助技術全般
である。スペシフィックとは、社会福祉のそれぞれの専門分野に特化
した、より専門性の高い具体的な援助技術等である。

　しかし、SW の国家資格である社会福祉士と精神保健福祉士について、前者は精神保健の分野の、後者は児童福祉の分野の学習が教育カリキュラムのなかに不足していると筆者は考えている。そしてそれは、それぞれの資格保有者の知識の偏りの一因になっている。

　精神保健福祉士については、資格創設当時は、精神科病院の長期入院者の社会復帰への援助が大きな役割であったという背景があり、援助技術も精神疾患、とりわけ統合失調症の人に対するリハビリテーションが学習の中心であった。しかし今後は、増え続ける思春期・青年期の若者に対応できるように、児童福祉や発達心理学などももっと教えていくべきであろう。一方、社会福祉士は、スクールソーシャルワーカーなど職域も広がってきているなか、クライエントのなかには、心のケアが必要な人が必ずいる。そのため、精神疾患や精神保健福祉の基本的な知識を身につける必要がある。現状では、心のケアが必要な若者については、両方の資格を取得しなければ、必要な援助技術は身につかない教育体制であり、あとは自分で学んでいくしかないのである。

　また、行政の窓口がそうであるように、社会福祉は、「身体・知的・精神障害」「児童」「高齢者」など縦割りにされている。若者には必ず家族や教育、さらに経済問題が関係してくるが、これらも行政では別々の課である。加えて、非行などの関係で司法や警察がかかわってくることもある。そのため若者にかかわる SW は、幅広い視野と、社会福祉制度などを横断的に利用すること、さらには福祉以外の制度も活用していくために包括的な知識を持っている必要がある。

　しかし実際には、臨床現場の違いによる知識・技術には隔たりがあ

るのが現実であろう。児童福祉の領域や教育現場で働く人々が、リストカットや大量服薬を何度もくり返す若者を前にして戸惑うのは無理のないことであろう。

「縦割り福祉」の狭間にいる若者

18歳〜20代前半の若者は、「子どもと大人の制度の狭間」、つまり、児童福祉法と障害者総合支援法との"制度の狭間"に落ちてしまい、利用できる福祉サービスそのものが少ない。SWの援助技術の1つである「社会資源につなげる」という部分がとても難しいのである。

児童福祉法の対象者は原則18歳未満である（法改正で施設入所は22歳まで可能となり、今後年齢制限が撤廃される予定だが、実際は18歳が節目となっている）。児童相談所（以下、児相と略す）が中心となって本人や家族にかかわり、必要に応じて親から分離させて入所施設に措置することもある。しかし、15歳以上のいわゆる「高齢児」になると、児相はなかなかかかわってくれない現状がある。年々増え続ける児童虐待ケースの対応などで、児相は慢性的に人手不足であることも理由の1つであろう。

筆者が勤めていた精神科病院にも、時々児相からの受診・入院相談があったが、入院させた後の退院先のことをなかなか考えてくれなくて非常に困った経験が何度もあった。児相の職員に「精神科のことはよくわかりませんから」と言われたこともあった。児相がかかわる子どもたちは心のケアが必要な人ばかりだと思われるため、「わからない」ことはないはずだが、やはり人手不足で、「精神科を受診するようになったら、児相ではなく精神保健福祉の専門家でかかわってください」と、境界線を引かれたように筆者には見えた。そして18歳が近づくと、スーッと手を引いていくのである（もちろん、なかには18歳以上になってもアフター支援で何かと相談にのっている児相職

員もいる）。より支援が必要な年少児がどうしても優先されてしまう現実があるのだろう。

　一方で、障害者総合支援法下にある精神障害者のさまざまな事業所は、18歳以上を対象としているが、実際には10代の若者へのかかわりを苦手として受け入れをためらうところもある。通所であれ入所であれ、精神障害者の福祉事業所は、精神科病院の長期入院者の退院先や通所先としてつくられてきたという歴史的背景がある。そのため、中高年以上の統合失調症などの精神疾患がある人を対象としているところが多いのである。

　就労継続支援事業所など通所については、10代の若者を一律に断ることはないが、その事業所に通っている利用者が中高年以降の方々が多く、10代の若者はいづらいという現実がある。また、職員が「10代はどうかかわればいいのか自信がない」と言う事業所があるのも事実である。

　この "制度の狭間" に落ちてしまうことについては、特に入所施設において大きな問題となっている。

　児童福祉法下の「自立援助ホーム」は、2016（平成28）年の法改正で22歳まで入所可能となった。しかし、就労や進学が条件となっていたり、リストカットや大量服薬などの自傷行為や、激しい暴力などの他害行為があったりする人はなかなか受け入れてもらえない現状がある。もちろん全国的に見れば、このような若者を引き受けている自立援助ホームもあるのだが、数が圧倒的に足りていないのである。

　障害者総合支援法下の精神障害者を対象としたグループホームは、この10年で全国的に数が増えたこともあり、18、19歳を受け入れるところも増えた。しかし、「職員が若い子とかかわった経験がない」「かかわり方が難しい」「これまでの中高年の入居者とのかかわり方では通用しない」と言われることは多い。

　住まいとは、人間が生きていくうえで根底となる重要な場所である。

安心できる住まいなくして、心の安定など望めるはずもない。では、自傷行為や売春・薬物などの非行行為、暴力などの他害行為があり、何らかの心のケアが必要であるにもかかわらず、適切に保護できる家庭がないなど行き場のない現代の若者たちは、どこに住まえばよいのだろうか。現実は、精神科病院に「社会的入院」をしていたり、補導・逮捕されていたりするケースがある。このような社会的入院は人権上あってはならないし、逮捕されても本人の今後への福祉的支援がなされないまま社会に出され、反社会的行為をくり返すという悲しい状況も見受けられる。

このような日本の社会福祉の現状に、筆者は憤りを禁じ得ない。そのため一石を投じようと 2013 年、心のケアが必要な思春期・青年期の若者のみを対象としたグループホームを、障害者総合支援法下で立ち上げた。若者がこのホームを安心できる住まいとし、思春期・青年期の揺れを無事に通り抜けて巣立っていけるように支援している。同様の志を持った SW が増え、グループホームでこうした若者を受け入れてかかわってほしいと切に願っている。

若者支援の難しさと SW の援助技術

SW 自身の課題

ここまで、思春期・青年期の若者の援助が難しい理由として、現行制度上の問題を中心に述べてきた。ここでは、SW が若者とかかわり援助する力量があるかという、SW の援助技術の問題について記す。

若者支援においては、SW 自身が自分の思春期の課題を乗り越えられているか、あるいは客観視できる程度にアイデンティティを確立できているかといった問題が大いに関係している。

若者の支援が苦手だという SW からは、「自分自身の問題と重なってしまう」という声を聞くことが多い。たとえば、SW 自身が親に振

り回されているなど自分の家族関係を解決できていなかったり、あるいは客観視できないほどまだ悩んでいたりする場合に、「自分が解決できていない問題に対して、クライエントに何と言っていいかわからない。支援などできない」と言うのである。親の立場にいる SW からは、クライエントのことを「自分の子どもと重ねて見てしまう、比べて見てしまう」という声が多い。これらは、もちろん SW だけでなく、看護師など他の対人援助職からも聞かれた声であった。

すべての SW 自身が思春期を経てきている。自分が経験してきている「思春期問題」について、たとえ自身が乗り越えていなくても、共感したり寄り添ったりすることが苦手だというのは、考えてみれば不思議なことである（青年期については、若い SW の場合は、自分自身が青年期の真っ只中だという人もいるのであるが）。SW のなかには、「お年寄りが大好きです」という人も多い。しかし、自分が経験していない年代である高齢の方に対して、たとえば「老いていくことへの恐怖」などを共感したり寄り添ったりするほうが、よほど難しいように筆者は感じるのであるが、実際にはそうでもなさそうなのである。

やはり、思春期・青年期の若者が持っている不安定さや、ときにはSW を攻撃したり、SW が一番痛いと感じるところを遠慮なく容赦なく突いてきたりするなど、若者特有の鋭さがあるからだと思う。また若い SW だと、同年代のクライエントからは、「SW として働いているあなたと、その援助を受けている私」という構図に反発をされたり、嫉妬されたりすることもあるだろう。

また、若者ゆえに、SW に母親像を重ねたり、恋人のように慕ったりするなど、SW に陽性転移することも多く、関係性を築いていくには、転移・逆転移関係を覚悟しなければならないことも、難しさの 1 つであろう。

さらに、思春期・青年期の若者の成長は速いため、「心身ともに発

達過程にいることを加味した支援」をする必要がある。つまり、精神疾患や障害、症状の問題だけでなく、「精神的にどう育っていくか」ということにも並行して寄り添っていかなければならない。成長とともに本人の精神症状や困ったことなどは変化していく。同時に、本人が自身の問題に対処する力も備わってくるし、本人が自身で抱けるようになる目標も変化していく。これらの成長・発達という精神面の変化を前提とし、そこから目をそらさずに、その時々に必要な支援を提供する視点がSWには必要なのである。

薬だけでは解決しない若者独特の問題

　心のケアが必要な若者は、一部の状態の人には薬がよく効くが、薬だけでは解決しない問題もたくさんある。そもそも、薬が根本的治療にはならず、対症療法でしかない場合が多いのである。極端な例ではあるが、「これを飲めばたちまち学校に行ける」という不登校に効く薬などはないことを考えるとわかりやすいだろう。だからこそ "かかわり" が必要なのである。薬と "かかわり" は、車の両輪のように双方とも重要なのである。

　統合失調症やうつ病、躁うつ病などの精神疾患には薬がとてもよく効くので、薬物療法が有効である。しかし、薬が効く疾患であっても、服薬だけでよいというものではないのが若者の特徴である。

　例を1つ示そう。統合失調症の症状の1つである幻聴がつらくてひきこもっていた若者・Aさんが、精神科に通院するようになって服薬をしたら幻聴がなくなってずいぶんと落ち着き、家族とも笑顔で話したり外出もできるようになったというケース。しかし、これだけでは終わらないのが若者支援の難しさである。症状が落ち着いたAさんは、その後どうしたらよいのだろうか。そもそも精神疾患を発症するということは、Aさんは非常にナイーブでストレス耐性が低く、人間関係などにつまずきやすい人だとも考えられる。Aさんが学校に

復学すると、また人間関係などのストレスが待っている。勉強に追いつくのも大変だろう。就職を希望しているなら、就職活動はさらなるストレスだろう。このように、たとえ服薬で病気の症状が落ち着いたとしても、SW として支援すべきことはたくさんあるのである。

　また、薬がよく効く精神疾患ではない状態の人のほうが多いのが、思春期・青年期の若者の特徴である。つまり、そういう人々にとっては、薬は対症療法となる。不安やイライラする気持ちを和らげたり気分を落ち着かせたりする薬や、よく眠れるように睡眠剤などが処方されることが多く、こうした薬ももちろん必要である。そうして薬で生活リズムを整えたり心の安定を図ったりしたうえで、さらに必要になってくるのが "かかわり" なのである。"かかわり" については、精神科医が通常、精神療法を行うが、医師は忙しいため、面接時間をゆっくり取れる人ばかりではない。また、公認心理師など心理職は心理療法を行うが、すべての病院やクリニックに心理職が配置されているわけではない。そこで SW の登場となる。

　精神療法、心理療法いずれも心の中の問題を取り扱っていくものであるのに対し、SW の "かかわり" は少し異なっている。心の中の問題を深く掘り下げるのではなく、「本人を取り巻く環境にも働きかける」という大きな特徴があるのである。

　環境とは、家族や学校など本人を取り巻くさまざまな人や場などである。環境を整えていくことで、その状況のなかで本人が自然に癒されていき、成長・発達していく。そのような環境となるように、SW は本人とかかわり、家族や学校など周囲にも働きかけていくのである。

　薬だけでは解決しないからこそ必要となってくる SW の "かかわり"。だからこそ重要であり、難しいのである。

3 援助者が備えておくべき資質

援助が難しい思春期・青年期の若者にかかわる SW に必要な資質、日々心がけておくべきことを、改めて整理する。

自分の幼い頃の記憶を思い出せるようにしておく

子どもの頃や、そのクライエントの年齢だった"かつての自分"について思い出す。その当時、自分には世界がどのように見えて、どう感じていたのかなどを思い出し、共感できるように努める。

相手にチャンネル（周波数）をあわせる

できるだけそのクライエントと意思の疎通が図れるように、どの分野の話題なら、どういう話の持っていき方であれば、話にのってくれるか。どういう雰囲気で話しかけるとリラックスしてくれるか等を考える。とにかく相手の土俵に上がって、相手にチャンネルをあわせてかかわるのである。特に、発達障害など独特のコミュニケーションをする人には必須である。SW のペースややり方にクライエントをあわせさせようとしてはいけない。

福祉だけでなく、さまざまな制度に精通しておく

精神保健福祉に関することだけでなく、発達心理学や児童福祉の知識、さらには教育や司法関係などの知識も持っていること。そのためには、専門書を読んだり研修に参加したりするなどして勉強するしかない。また、「こういった状況で何か使える制度はないだろうか」と考える習慣をつけ、行政機関のいろいろな課に教えてもらい知識を開拓していくよう心がけておくといい。そして、幅広い視点から情報収

集し、さまざまな制度を柔軟に包括的に使い、本人の支援ネットワークを構築する力を身につけるのである。

本人の発達にあわせて年単位の長いかかわりとなることを覚悟する

発達過程に寄り添い、その時々で支援の形態も変わっていく。長いスパンでかかわることを意識して長期目標と短期目標を立てること。また見立ても成長・発達にあわせ、その時々で変えていく必要がある。

自分が若者の「モデル」になり得るという意識を持つ

若者は、身近な大人をモデルとし、価値観などを模倣しながら成長していく。親や学校の先生などがモデルになることが多いが、心のケアが必要になるということは、それがうまくいかなかった人々である。そのため、SW の基本姿勢である「横並び」よりも、やや斜め前辺りが立ち位置となったり、ときには選択肢を示し「導く」こと、SW 自身がモデルになることもあり得るということを意識しておく。

母性と父性の両方を備えるように意識する

「母性」を意識し、まずはやさしく、受容的に話を聴く。少々おせっかいでも、クライエント本人にしてみれば「少しうっとうしい」と思うくらいのかかわりが、本人との関係性構築には必要なことが多い。関係性ができた後は、「父性」も発揮し、必要なときにはきちんと怒ってあげて、社会の当たり前の厳しさも伝えていく必要がある。

ちなみに、「母性は女性に、父性は男性に、誰にでも備わっているわけではない」というのが筆者の考えだ。女性に生まれたから母性があって当たり前、ではない。父性も同じである。母性も父性も、人間が大人として成熟していく過程で獲得していくものなのである。だからこそ、女性であっても父性を、男性であっても母性を獲得することもできるのである。

SW として大切にしたい 3 か条

　この項の最後に、筆者が毎年学生に伝えている言葉を置いておく。2012 年から大学で精神保健福祉に関する科目を週に 1 回教えているのだが、自己紹介する際、「SW として大切にしていること」を話している。

・あいまいさに耐えること

・押すのではなく、引いて待つこと

・存在感を消すこと（「いるのに、いない」「いないけど、いる」）

　　→てきぱき、はっきりした性格の私が、SW として常に心がけている 3 か条

　今でもこれらを、日々自分に言い聞かせながらクライエントにかかわっている。

4 心のケアを必要とする若者とは どのような人々か

「心のケアを必要としている思春期・青年期の若者」とは、どのような状態の人々であろうか。ここでは、本書で対象としている人々について記す。

年齢層と呼称

　まず年齢層であるが、10代～20代（30歳未満）の人々を対象者とし、「思春期・青年期の若者」、あるいは単に「若者」と表記する。

　10代～20代は、多くの精神科医や心理職らの先行研究によって、児童期、思春期、青年期前期など、呼称や年齢区分はさまざまである。本書での定義づけの理由は、以下に示す筆者自身の臨床経験に基づく。

　筆者のこれまでの担当ケースの最年少は10代前半で、10年以上継続してかかわっていた。10代は日進月歩で成長・発達を続け、かかわり方もそれぞれの時点で変化していた。このように5年10年と長期的に継続してかかわることに意義があると考えているため、20代も対象とする。さらに、昨今は20代でも精神的には未熟で、育て直しが必要な人も多い。また、20歳を過ぎてから高校進学を目指すなど教育のやり直しを志す人もいて、10代と同様のソーシャルワークが必要なケースもある。

　法制度上の観点からの理由もある。先述したように、児童福祉法の対象から外れていく18歳から20代は、障害者総合支援法下の精神障害者を対象としたグループホームや就労継続支援事業所などを、その若さゆえに利用しづらいという現状がある。現行制度の狭間に落ちてしまうという難しさに着目した支援が必要なのである。

　ところで、社会問題化している「ひきこもり」のケースは30代～

50代にも多く、精神的な未熟さなど20代と重なる部分も多い。しかし、筆者の臨床経験では、30歳を過ぎると「教育」をやり直すことをあきらめる人がほとんどだったこと、一方で本人が希望すればさまざまな福祉制度は使いやすくなることなど、援助技術として10代〜20代とは同列では扱えない。そのため本書の対象者からははずしている。

心のケアが必要な状態

　本書では、「心のケアが必要な状態」を以下のように定義する。「明確な精神症状がなくても、本人あるいは親など周囲の人が、何らかの事情で『本人の心に関することで困っている状態』であり、精神科病院やクリニックに通院・入院している、あるいは受診を検討している人」。「心のケア」は、「精神的ケア」と同義で使っている。次章からは、このような状態の人々へのかかわり方について記していく。

　思春期・青年期がいかに悩みの大きい時期であるかについて、ここまで述べてきた。こうした心の揺れは、この年代の特徴として、誰しもが一時的には起こり得ることであり、精神疾患かどうかの鑑別診断は非常に難しい。

　ここで重要なのは、「病気かどうか、診断名が何か」ではなく、「その人が心のケアが必要な状態かどうか」である。そのため、ベースに精神疾患があるかどうかわからない不登校やひきこもり状態の人、家庭内暴力が激しい人なども含む。知的障害がある人や発達障害がある人も、心のケアが必要であれば含まれる。

　なぜなら、SWのかかわり方の根幹となるものは、病名や状態によって左右されるものではないからである。もちろん、具合がとても悪い状態のときにあまり刺激とならないようにそっとしておいたり、その人が持つ障害の特徴にあわせたりするかかわりは必要である。しかし、ベースとなるかかわり方、その理念は変わらないのである。

　では、「心のケアが必要な状態」とは、具体的にどのような状態で

あろうか。

　思春期・青年期の若者は、成長・発達の途上にあるため、悩みをうまく言語化して話すことができず、何らかの症状や行動という形でしか自分の思いを表せない人もいる。症状として出ればそれは「精神症状」と呼ばれ、行動として出ればその状態は「行動化」と呼ばれる。

　この年代によく現れる症状としては、うつ状態、強迫性障害、パニック障害、不安障害、摂食障害、適応障害、解離性障害、薬物依存症……等が挙げられる。それぞれの病状や障害についてはここでは詳しく触れない。精神医学の本は多数出ているので、そちらを参照されたい。

　行動化は、「内に、自分に」向かう場合と、「外に、他者に」向かう場合がある。自分に向かう場合は、「不登校、ひきこもり」「リストカットや大量服薬などの自傷行為」となる。他者に向かうと、「家庭内暴力」「キレる若者」などと言われる。違法薬物は、使用して自分の体が傷つくという点では自傷行為だが、薬物使用によって他者に暴力など害を及ぼすようなことになると他害行為という側面を持つ。摂食障害も、過食嘔吐などは自傷行為ととれるが、症状が悪化して万引きなどの他害行為につながることもある。

　以上のような状態にあると本人自身が困っていそうであるが、意外と本人は「困っている」という自覚がない場合も多い。悪いのは親や学校などであって、自分は悪くない、悪くないから困っていない、というような気持ちもあるかもしれない。しかし本人が困っていなくても、たとえば家庭内暴力などは家族が大いに困っている。本人の病状からくる強迫的な行為に家族中が巻き込まれているケースもある。そのため、本人だけでなく、「家族など周囲の人々が困っている」ときも、「心のケアが必要な状態」であり、支援の対象となるのである。

5 本書の活用の仕方

　筆者は、大学院での研究結果をさらに実践で検証し、心のケアが必要な思春期・青年期のソーシャルワークの援助技術を7カテゴリ31項目に分類した。「専門機関につながる方法」「本人とのかかわり方」「家族問題への介入の仕方」「経済問題への介入の仕方」「居場所の確保の仕方」「恋愛、結婚、出産への向き合い方」「自立に向けた支援」の7カテゴリに分け、それぞれに下位項目を設けると計31項目になった。さらに、初版から新訂版までの10年間の実践から必要性を感じた1項目を加え32項目とした。それぞれの項目ごとに、具体的な援助方法を紹介していく。

　その際、筆者がこれまでの臨床現場で出会ってきた200人以上の若者の概要を統合して創作した以下のモデルケースをもとに説明していく。クライエントの名前は筆者自身の名からつけた。

　また、新訂版では後半に20ケースの創作事例を紹介し、「このような状況下で、SWとしてこのようにかかわった」とわかるようにした。

モデルケース

家庭内暴力をきっかけに精神科につながり、家族問題等に介入し、自立に向けて長年にわたって支援したケース

　15歳の男性アキラさん。両親と姉の4人暮らし。いじめをきっかけに中学2年から不登校で自宅にひきこもり、自室でゲームやインターネットをするなどして昼夜逆転の生活が続いている。両親は不仲で、家庭内ではほとんど会話はない。母親はアキラさんが幼少の頃から厳しく、過干渉。父親は子どもの養育に関心なし。姉はいわゆる優等生で有名私立大学に通っている。アキラさんは、中学は不登校でも卒

業できたため、通信制高校に入学したが、スクーリング（登校日）に通えず、レポート提出も滞るようになり在学が難しくなってきた。なんとかレポートを書かせようとアキラさんを怒る母親に対して、暴言や暴力が出たり暴れて部屋の中の物を破壊したりするようになった。だんだんエスカレートして、一度興奮するとなかなか収まらなくなっていった。

家族構成

●アキラさん

15歳、高校1年生。中学のときから家にひきこもり、たびたび母親に暴力をふるっている。

●母

48歳、一家のキーパーソン。大柄の美人で、明るく気が強い。家のローン返済のためパートをしていたが、アキラさんが荒れるようになってからは仕事を辞めて家にいる。本人の言いなりになっている。

●姉

20歳、有名私立大学の2年生。美人で頭がよく、母親に似て気が強い。両親にあまり甘えず成長し自立心旺盛。不登校になる弟の弱さが理解できず、冷ややかな態度をとる。

●父

52歳、サラリーマン（営業職）。小柄で実直、真面目。給料が伸びず、サービス残業で疲れる日々を送っている。子育ては妻に任せきり。息子は自分に似たのかなと密かに思っている。

　次章から、このアキラさんの事例をもとに、"かかわり方"を解説していく。

　ところで、筆者自身がこれらすべての援助技術を常に駆使し、完璧にできているわけではないことをお断りしておきたい。臨床現場がそんなに甘くないことは筆者も承知しているつもりである。

　対人援助の仕事は、常に相手にとってベストを尽くすべきであるが、実際にはなかなかそうはいかず、その時その時にベターだと思われる選択肢を選んでかかわっていくことが多い。そもそもその人にとってのベストとは何かなど、何年も先になってみないと本当にはわからないとも思う。

　それでも本書で援助技術（＝かかわり方）を紹介したのは、「はじめに」でも述べたように、心のケアが必要な思春期・青年期の若者に対するソーシャルワークがあまりにも確立されていないからである。筆者自身も完璧ではないが、かかわりにおいて必要であると、臨床実践と研究の双方の立場で考えたものを記していく。内容的に、援助技術として一般化されているとは言い難い筆者の個人的な意見も書いてあるが、そのような箇所は主語を「筆者」とし、区別できるようにしている。

　不登校で一人悩み、家庭内暴力という形でしか発散できず、人生に行き詰まっているアキラさん。SWはアキラさんには心のケアが必要だと考え、かかわりをスタートさせるべく働きかけていく。アキラさんが長いトンネルを通り抜ける過程を、SWがどのように寄り添い、かかわり、家族問題等に介入するのか。アキラさんはトンネルの先に光を見出すことができるのか、どのように成長していくのか——。次章から順に追っていく。

― 第1章 ―
専門機関につながる方法

1-1 CHAPTER 1

精神科へのつながり方

　心のケアの第一段階は、まずなんらかの専門機関に「つながること」である。心のケアを提供できる機関はさまざまあり、後述するように「どこにつなげるのがいいのか」については思春期・青年期の若者特有の注意すべき点があるが、治療構造等の専門性の高さでいうと精神科の医療機関となる。

　しかし、心の問題を取り扱っている診療科は精神科であるということを知らない人は結構いる。神経内科、脳神経外科などに該当すると考えている人や、心療内科との違いがわからない人も多い。心療内科は、精神的なものが原因で出ている頭痛や腹痛、下痢などの身体の症状を治療する内科である。

　精神科のことを知っていたとしても、精神科病院や精神科クリニックを受診することへの敷居はまだまだ高い現状があるだろう。そのため、最近の精神科クリニックは、「精神科・心療内科」と併記しているところも多い。受診する敷居をできるだけ低くするための工夫であろう。

　本人も家族も「精神科に相談する」という発想自体がない場合も多い。10代20代の若者であれば、本人が自ら受診を希望することはまれであろうし、親も、「精神科が必要な状態」とはなかなか思えないであろう。街中に、精神科クリニックの数は増えているが、精神科へのスティグマ——精神科を必要とするのは「おかしな人」であるなどの偏見等——がいまだ残っており、受診には抵抗感が根強いと思われる。

　思春期・青年期の若者が精神科を初めて受診するときは、本人の意思ではないケースが多い。親や学校、ときには警察などに「説得」さ

れて仕方なく受診する場合が多く、措置入院や医療保護入院などのいわゆる「強制入院」という本人にとっては非常につらい状況となることもある。

　ここでは、精神科につながる状況とSWのかかわり方を紹介する。

本人の意思ではない受診を援助する

アキラさんの場合

　アキラさんの暴言、暴力は母親に対してのみ出るため、当初怒っていた母親は一転してアキラさんにおびえるようになった。父親は帰宅が遅く、アキラさんも父親がいるときは自室にこもっていて出てこない。母親は父親に相談してもらちが明かないため、ある日アキラさんが暴れた際に110番した。警察官が来るとアキラさんはおとなしくなり、また暴力といっても母親がけがを負うほどではなかったため、警察官も帰っていった。以降、アキラさんが暴れると母親が警察官を呼ぶということがくり返されていたが、ある日、興奮が収まらなかったときがあり、警察官に連れられて精神科病院を受診し、そのまま入院となった。

　思春期・青年期の若者に精神科の受診が必要になったとき。それは本人の意思ではないケースが多い。不登校やひきこもりの状態を家族が心配したケース、アキラさんのように家庭内暴力で家族が困っているケース、うつ病や統合失調症のようななんらかの精神症状が現れた

ケース、知的障害や発達障害など障害がベースにあって家族が対応に困るような症状が現れたケース……。このような状況になって家族が困ったり心配したとき、学校や教育相談所、児童相談所、保健所、ときに警察などに相談した結果、精神科受診を勧められ、家族が精神科病院などに相談する場合が多い。

つまり、本人が自分の意思で受診をするのではなく、親など周囲から説得されて仕方なく受診するケースや、説得に応じなかった場合は強制入院という本人にとっては非常に苦しい形で精神科医療につながるケースが多いということである。

アキラさんの場合は「家庭内暴力」に母親が困っている状況だったが、本人がリストカットなど自傷行為をして親が心配して相談してくるケースも多い。

アキラさんと自傷行為する人との異なる点は、アキラさんが暴力という「外に向かう行動化」だったのに対して、リストカットという自傷行為は「自分に（内に）向かう行動化」だということである。自傷行為は、リストカットのほかにも大量服薬や、タバコの火を自分の腕に押し付ける等さまざまな形で現れ、発見した親は動揺し心配するだろう。そして悩んだ末に、精神科などに電話相談したり直接来院して相談したりするのである。最近は、スマートフォンで調べて病院やクリニックを自力で探し電話をかけてくる家族が増えている。

相談を受けたSWは、後述するように、受診の必要性などを慎重にアセスメントしていくことになる。

突然の自殺未遂でつながるケースに対応する

家族など周囲の誰もが本人の変調に気づかず、いきなり自殺未遂などの激しい行動化が現れ、精神科に強制的につながるケースが結構あ

る。たとえば、市販されている風邪薬などを突然大量に飲み、救急搬送されて一命を取り留めたが、再度の自殺企図のおそれがあると判断され、救急病院から精神科病院に転院となるケースである。ほかにも、親には秘密でリストカットをくり返していて、ある日ざっくりとかなり深く切って倒れてしまい、初めて親が気づいて救急車を呼び、外科で傷口を縫合してもらってから精神科を紹介されつながった人もいる。

　本人たちは、「自傷行為」という形でしか周囲にSOSを出せないのであり、こうした形で精神科につながった人に対しては、自傷行為について問いただしたりはせずに、自傷をせざるを得なかった事情に思いを馳せて、本人が抱えているつらさや悩みなどを受容的に共感的に聴いていく。そうすることで精神科受診が1回きりで終わらずに、継続した治療につながっていくのである。

慎重さが求められるアセスメント

　本人自身が困って自ら受診を希望する場合も、もちろんある。いずれにしても、精神科につながるまでに、本人も家族も深く傷つき、悩み、疲れ果てていると考えたほうがいい。

　やっと精神科にたどり着いた人々に、しかもそれが本意ではない人々に対して、SW ができるだけ受容的に支持的にかかわるのは当然のことであろう。SW は、受診相談やインテーク面接などの場で、本人や家族から丁寧に話を聴く必要がある。そして、困っているのは誰なのか、本人なのか周囲なのか、何が問題になっているのか等を見極めていく。そのうえで、本当に精神科の受診でよいのかどうかも見極め、場合によっては後述するように児童相談所などほかの相談機関を紹介することもある。

困りごとを整理しながら聴く

アキラさんの場合

　アキラさんの受診相談は母親からの電話であった。この間、アキラさんの暴力が出るたびに母親は警察を呼んでいたが、警察官が来るとおとなしくなるため何の解決にもならなかった。警察官に相談すると、精神科の受診を勧められ母親は驚いたが、今度アキラさんが暴れたときには病院まで同行すると言ってもらえたことに意を強くし、警察官が紹介してくれた近隣の精神科病院に電話したとのことだった。興奮が続いている今日ならば警察官が病院まで連れてきてくれるとのことだったので、SW は医師と相談して即日の受診を受け入れた。病院に来たとき、警察官が同行していたためか、アキ

ラさんはおとなしかった。しかし、自宅ではイライラすることが続き、衝動性を抑えられない状態が時々あると母親は言い、入院して家族と少し離れたほうが今後のことがゆっくり考えられるのではないかとの医師の言葉に、アキラさんは入院に同意した。その後、SW は母親と入院の手続きをした。母親は疲弊し切っていて、「しばらくあの子の顔も見たくない。面会にも行きたくない」と疲れた表情で話した。

　アキラさんが入院した病院のように、精神科病院の場合、受診相談は SW が窓口となっているところが多い。他科や総合病院との大きな違いである。

　SW が相談してきた相手から事情を聴き、受診が必要かどうかを判断するための情報を得て、医師に相談したうえで外来受診か入院治療の必要性を判断するのがよくあるパターンである。本人が受診を拒否している場合や、症状などで家から出ること自体が難しい人の場合など、どうやって本人を病院に連れていったらよいのかという相談にものる必要がある。家族も受診させる決心がつかない場合もある。

　SW が家族から受診相談を聞くとき、筆者は電話や面接のなかで以下のような流れで話を持っていき、受診の適否を判断できるだけの情報を押さえるようにしている。

　まず本人の今の状態を聞いたうえで、今一番困っていることは何かを聞く。次に、いつ頃からそのような状態なのか等これまでの経過を聞く。さらに家族状況や簡単な生育歴を聞き、その流れで本人の健康保険証の種類を聞きながら扶養者の経済状況をごく簡単に押さえる。

そして、本人自身は困っていたり苦しんでいたりするのか、これまでほかの機関や誰かに相談したり、受診したことはあるのかを話の流れのなかで聞く。

アキラさんの母親のように、ほとんどの場合、家族は疲れていたり絶望したりしている。そのため、家族が話しやすいように受容的に聴くことも大切である。話が脱線することもあるだろうが、今、家族が一番心配していること、困っていることは何なのかがわかるように、SWは家族の話を促したり整理しながら聴くように努める。電話で話しにくそうであれば、来院相談を促してみるのもいい。

家族自身が精神科受診を迷っている場合も多いので、SWは、受診で本人と家族が得られる効用などの情報を提供していく必要がある。

特に、薬を飲むことに抵抗を示す人は本人、家族ともに多いので、薬物療法の効用もSWが可能な範囲で伝えていく。統合失調症やうつ病などは薬が効く。カウンセリング等の面接だけで治るものではない疾患なので、精神科受診をして服薬してもらうことが、本人が回復に向かう早道であることを家族に伝えていくのである。

また、知的障害や発達障害を持つ若者が、周囲の環境と不適応を起こして自傷行為が出るなど本人が苦しんでいたり家族への暴力が出ていたりする場合も、やはり受診して服薬したほうがよい。気持ちを落ち着かせる薬や気分の波をやわらげる薬、睡眠を安定させる薬などが処方されるはずである。睡眠剤の服用で夜きちんと眠れるようになり、生活リズムが安定することで本人の症状がやわらぐこともある。このような効用を家族に伝えるのである。

一方、精神科の治療は薬物療法だけではもちろんない。医師は本人の話を聴いて精神療法を行うし、必要に応じて心理職による心理テストや心理療法もある。作業療法もある。そして、SWは本人や家族にかかわり、本人が抱えている問題の解決をさまざまな方向からお手伝いしていくことができる。

このような精神科受診で得られる効用を、SW は相談時や手続き時に家族に丁寧に話していくのである。

困っているのは誰なのかを見極める

　精神科では、医師の診察の前に、SW がインテーク面接等で本人や家族と最初に会うことも多い。インテークでは、SW は「本人が何に困っているのか、それとも本人は困っていないのか」「困っているのは家族なのか、誰なのか」「受診の目的は何なのか、どのような状態・症状をどうしてほしいのか」といったアセスメントをしながら話を聴く必要がある。

　アキラさんの場合、診察場面ではおとなしく、強制入院にすることは難しい状態だったが、母親からの電話相談の時点で、①アキラさん自身も、暴力をふるってしまう衝動性や高校に行けないことなどに困っている、②しかし、今後アキラさんが外来に自発的に通ってくるとは思えない、③入院すれば、本人の心のケアと困っていることへの介入ができ、母親との葛藤状況にも介入することができるかもしれない、との見立てが SW にはあった。そのため、実際にアキラさんと病院で会った際にも入院したほうがよいと SW はアセスメントした。アキラさんを診察した医師も同意見で、医師が入院を勧めたところ、本人が同意したので任意入院（自分の意思での入院）となったのである。

　また、入院の手続きを SW が担っているなど、SW が入院時に家族と会える機会がある場合は、家族のこれまでの苦労も受容・傾聴し、今後の家族支援につながるように、家族との関係構築の第一歩を踏み出すのである。

　一方、子どもを受診させるために同行した親自身も実は未治療の精

神疾患だったというケースや、仕事はしているが風変わりな父親と精神疾患を患っている母親と子どもといったように、家族全員がなんらかの心のケアが必要なケースもある。直接治療の対象となるのは子どもであっても、そこを糸口に家族全体が抱える病理に介入することもある。ただし、これはSW1人でできるものでは到底なく、主治医の診立てと協力、自治体の障害福祉課や保健所などとの連携が不可欠である。

危険な状態のときは即時受診を促す

　家族からの相談内容に対し、すぐに精神科受診をしたほうがよいとSWが判断した場合は、迅速な受診を促し、予約を取る、本人を病院に連れてくる方法を提示するなど、即時の具体的な支援が必要である。受診の適否は、医療機関によっては医師に相談するなどその機関でのさまざまな決まりごとがあるだろうが、一応の目安は以下である。

　即時の精神科受診が必要なほど危険な状態とは、「自傷他害」といわれる状態のことで、今まさに本人が自殺しようとしていたり、他者に刃物を向けて暴れていたりするなどの暴力行為がある状態である。

　「自傷」とは、自分を傷つけることで、本人の希死念慮（自殺したいという思い）が非常に強い状態である。たとえば、家族の制止も聞かずに包丁などで自分を刺そうとしたり、実際に軽く刺してしまったり（深く刺した場合は、まず救急病院受診である）、誰かが見ていないとベランダや窓から飛び降りようとするなど、目が離せない状態のことである。

　「他害」とは、家族など本人以外の他者への暴力行為が激しく、刃物を相手に向けたり実際に怪我を負わせるなど本人の激しい興奮が続いている状態である。激しい興奮の原因が、統合失調症という精神疾

患の幻覚妄想状態だった場合は、誰かが自分を傷つけようとする幻聴や妄想に自分の心が支配されてしまい、自分の身を守るために暴力をふるう、という構造になっていることが多い。以下に、自傷と他害の事例をそれぞれ記す。

自傷の例

　希死念慮が強い18歳の娘についての母親からの相談電話。母親が職場で仕事をしていると、娘から「今から死ぬ」というメールが入り、慌てて帰宅すると、娘は細いベルトを握りしめ、部屋の中で茫然と座り込んでいた。高校で何かあったらしく、昨夜から夕食も食べずに自室にこもっていて時々泣き声が聞こえてきたが、声をかけてもドアを開けてくれなかった。今朝は寝ていたので母親は仕事に行った。母親の帰宅時、娘はベルトをかけて首を吊る場所を探していたようで、母親の姿を見て娘は興奮し、包丁を取ろうとしたので母親と奪い合いになり、ちょうど帰宅した娘の兄が娘のことを抑えている間に精神科病院に電話したとのことだった。原因が何かはわからないが、本人の興奮状態、希死念慮の強さから、即時の精神科受診が必要だとSWは判断し、医師にも了解をもらった。今から精神科病院に連れて来られるかを母親に聞くと、兄と2人で連れていきますとのことで、本人はその日のうちに受診、入院となった。

他害の例

　家庭内暴力がある19歳の息子についての母親からの相談電話。父親が単身赴任中のため、現在は母親と二人暮らし。高校中退後ひきこもっていて、時々部屋で大声を出したり壁を殴って穴を開けたりするなどの破壊行為が続いていた。食事のとき

は母親の前に出てくるが、独り言や母親が話しかけても脈絡のない言葉が返ってくることもあった。母親が役所に相談したときに精神科受診を勧められていたとのこと。今日は朝から本人の部屋で何かを破壊しているような大きな音がしていて、声をかけるといきなり母親に殴りかかってきた。その後はリビングの家具を壊し始めたので、怖くなって母親は家を飛び出し、携帯電話で以前、役所から紹介された精神科病院に電話したとのことだった。SWは、本人が統合失調症を発症していて幻覚妄想状態にある可能性を疑い、緊急での精神科受診の必要があると思ったが、本人を病院に連れてくるのは母親１人では無理だと考えたため、警察に110番通報するように母親に助言した。

　このような自傷他害の状態のときは、精神保健福祉法の「措置入院」（都道府県知事・指定都市市長の命令による強制入院）に相当するケースもあり、家族など発見者が警察に110番通報することが多い。警察官が本人のところにまず行き、状態を確認して措置入院につなげたり、警察官が精神科病院に受診相談をすることもある。
　家族としては、警察への110番通報はためらうかもしれないが、措置入院で強制的に入院することで、結果として本人の命が守られたり他者への加害が避けられたりするのである。

嫌がる本人を受診につなげる方法を提示する

　措置入院は、通報されても本人の状態や精神保健指定医の診察結果によっては制度が適用されないこともある。ここでは、措置入院にはならないが、本人の状態が非常に危険でできるだけ早い受診を促した

ほうがよいケースの相談を受けた際に、SW がどのように対応するか
について述べる。

　まず、本人が自傷他害と思われる症状を示していると家族など相談
者が訴えた際、いつ頃からの症状なのか、精神科受診歴の有無、これ
までにも同じような症状があり自然に消失したことがあったのか等を
聞く。そのうえで相談者に、SW が推測し得る限りの本人の状態の危
険性──たとえば、本当に自殺してしまうおそれや、他者にけがを負
わせるおそれ等──を具体的に話し、受診が必要である旨を伝える。

　このような状態のとき、多くの家族は、精神科病院に相談電話をか
けたり相談に訪れたりする段階で、本人を受診させる気になっている。
親が本人を、たとえ無理やりでも、親戚などの人手を借りてでも病院
に連れてくることができる状態なのであれば、病院側と入院予約の日
程調整などをしたうえで連れてきてもらえばいい。こういう事態に対
応してくれない病院もあるので、病院には必ず事前に相談しなければ
ならないし、対応してくれる病院を探すのであれば、近くの保健所や
市町村役場の障害福祉課精神保健福祉担当係に尋ねてみるよう家族に
伝える。

　本人が受診を拒否している場合の対応策はもっと難しい。どうやっ
て受診につなげるか、ありていに言うと、「どうやって嫌がる本人を
病院に連れていくか」ということについて、家族の相談にのらなけれ
ばならない。

　措置入院でなくても、警察に協力を依頼すれば、本人を病院まで送っ
てくれる場合もある。警察が動いてくれない場合は、「民間救急」と
いわれる病院までの搬送を請け負っている民間会社が数多くある。屈
強な男性スタッフが無理やり本人を連れていくという方法が多く、費
用もかかるし、本人にとっては警察に連れてこられるよりもつらいの
ではないかと筆者は思っている。しかし、こうした方法を使わざるを
得ない現状があるのも事実である。

　自傷他害まではいかなくても、できるだけ精神科受診につなげたほうがよい状態の人は必ずいる。幻覚妄想状態など統合失調症が疑われる精神症状があるケース。強迫性障害のさまざまな症状、たとえば不潔恐怖で１日に何時間も手を洗い続けていて日常生活が成り立たなかったり家族の生活にまで影響を与えてしまっているケース。希死念慮は訴えないが、ずっと部屋にこもっていて飲食も減ってやせてきて、うつ病が疑われるケース等。いずれは精神科につなげないと、本人の今後の生活がたちゆかなくなる可能性が高い。

　このような状態で本人が受診を拒否している場合、SWは本人にとって一番抵抗が少ない形での専門家との出会い方を考えて、家族に提示していく必要がある。親の説得では無理な場合は、学校の担任や養護教諭から本人に話してもらう。あるいは保健所、子ども家庭支援センター、児童相談所の職員に相談してみる方法もある。

　このなかで一番有効性が高いのは、「自宅に訪問してくれる」という強みを持っている保健所（保健センター）の職員である。自宅を管轄している保健所に電話すると、精神保健福祉士や精神保健担当の保健師などの専門家が相談にのってくれ、必要に応じて訪問し、本人の様子を見てくれる。そして、やはり精神科受診が必要だとアセスメントされたら、保健所が病院と連携し、本人を説得したり、本人を病院に連れていく方法を家族と一緒に考えてくれたりするのである。

措置入院時に家族に心配りをする

　措置入院のルートで精神科病院に強制入院した場合、都道府県によって病院への本人の搬送のされ方は多少異なるが、多くの場合は、本人はストレッチャーに拘束された状態で搬送されてくる。同行してきた行政職員の立ち会いのもと、本人の診察がバタバタとした状況で

行われる。そして、行政職員や病院の医師、看護師などが本人を囲んでいるその少し離れたところに、所在無げにポツンといる家族を見かけることが多い。

　家族はその病院に到着するまでに、警察に行って事情を聞かれるなどしているため、疲弊し切っていたり、戸惑っていたりすることがほとんどだ。SW は、そのような家族の傍にそっと近づき、声をかけるべきである。そして、自分が SW であると自己紹介をしたうえで、この病院で本人の治療を始めること、これまで大変だっただろうが、これからは我々が力になること等を伝え、まずは家族に安心感を抱いてもらえるように心がけるのである。家族はその後も主治医や看護師から話を聞かれたり、入院手続きなどでなかなか帰れないのだが、まず病院に到着した時点で SW が声をかけ、家族の思いを受けとめておくという心配りを大切にしてほしい。

精神科以外の相談機関を紹介する

　一方で、年齢が若ければ若いほど、精神科受診には慎重でありたい。医療ではない相談機関もあり、思春期・青年期の若者の場合、第一選択肢が精神科受診とは限らないからである。ここでも SW の力量が問われる。

　相談機関で公的なものには、保健所（保健センター）や精神保健福祉センターなどがある。中学生くらいまでの年齢であれば、子ども家庭支援センターや児童相談所、教育相談所などが利用できる。民間では、カウンセリングセンター、心理研究所なども多くある。

　筆者は、小学生、中学生の場合は、明らかな精神症状がない限り、まずは子ども家庭支援センターや児童相談所に相談してみるようにと家族に勧めるようにしている。序章でも述べたが、若者の場合、誰に

でも一時的に起きる思春期特有の心の揺れなのか精神症状なのかの鑑別がつきにくいためである。子ども家庭支援センターにも児童相談所にも、児童福祉の専門家や心理職など専門の職員がいて相談にのってくれる。それらの機関で精神科受診が必要だと判断したケースについては、保護者に「精神科を受診したほうがいい」などと助言をしてくれるので、精神科はそれからでもかまわないのである。

　なぜ慎重になるか。それは、精神科に対する社会の偏見やスティグマがまだまだ強いためである。家族からの受診相談の際は、「本人は受診を納得していますか。精神科であることを理解されていますか」といったことを必ず確認し、家族も本当に精神科受診を望んでいるのかを確かめたほうがよい。精神科で本人を引き受けていくことのプラスとマイナスの両面をしっかりと伝える必要がある。

　こうやって丁寧に受診相談を聴いているうちに、それだけで家族が落ち着いて「もう少し様子を見てみます」と言う場合もあるし、子ども家庭支援センターの心理面接などにつながる場合もある。

　受診相談は、「交通整理」の役割も担っている重要な機会なのである。

1-3 CHAPTER 1

継続治療に至るまでの難しさ

　親などに連れられて1回外来受診しても、本人が治療や相談を必要だと感じていない限り、継続した治療につながることは難しい。しかし、精神科の治療は1回で終わるわけではなく、継続していくことでその人の抱える問題が見えてきたり、その解決方法を一緒に考えることができるようになったりする。治療は継続してこそ意味があるのである。そのためSWは、クライエントの外来日をチェックして、来院時に本人に声をかけ、待合室でこの間の様子を聞いたり、来ていない日には電話をしたり、訪問をするなど、さまざまな方法でクライエントが通院を継続できるように働きかける必要がある。

継続通院のために声かけや電話をする

アキラさんの場合

　アキラさんは、警察官に連れられての嫌々の入院であったが、母親と離れられるという点ではほっとしている面もあったようだった。治療というより、アキラさんが家族と物理的に離れて落ち着きを取り戻すことが目的だったため、約2週間で退院した。今後本人が精神的にもっと落ち着き、家庭内暴力が収まり、高校にも通えるようになることなどを目指すためには、退院後も外来に継続して通院してもらう必要があった。SWは入院中に面接を重ね、ある程度関係性をつくっておいたが、わ

ざわざ通院するのはアキラさんにとって面倒で苦痛なことで、退院
後しばらくは母親が連れてこないと外来に定期的に通ってこられな
かった。そのため、SW はアキラさんが来院するたびに声をかけ、
面接するようにしていた。

　入院には強制入院という制度があるが、外来通院を強制することは
できない。SW は、クライエントが継続して通院できるようになるま
では、アキラさんの例のように、本人が来院したときにはできるだけ
声をかけて関係性を築く努力をすることが重要である。

　また、外来日に来なかったときには、本人に電話をして様子を聴き、
SW は心配していること、もっと話したいと思っていることなどを伝
え、来院を促すことも有効である。「あなたのことを心配している。
話を聴きたい」というメッセージを相手に伝えることで、本人も自分
が大切に思われているという感覚を抱くことがだんだんできるように
なっていくのである。

来院しなければ訪問する

　なかなか来院できなかったり中断してしまったケースには、親の了
承が得られれば訪問が有効な手段となることもある。

　なかには1回目の訪問で本人といろいろ話せた例もある。対人関係
が苦手な人でも、誰かと親しくなりたい、つながりたいと思っている
人はいて、そういう人であれば訪問して、まずは本人が安心できる自
宅で関係性を築き、徐々に話す場所を病院の面接室に移すという方向
へ持っていくこともできる。また、訪問できた際は、本人の自室を見
せてもらえると、部屋の様子から本人の好きなものがわかり、本人に

対する理解を深めることができる。

　ところで、訪問する際は、あらかじめ電話で本人に伝えたり、電話に出てくれなければ、訪問することを知らせる手紙を親に託したりして、訪問予告をしておいたほうがいい。訪問してもなかなか出てきてくれず会えない場合も多いのだが、SWに会いたくなければ「逃げる選択」ができるように、「逃げる時間」をあえて作るのである。

　自分に会いに来た人から自分の意思で「逃げる」。現実には、外出するのではなく、自室にこもってドアを開けないということのほうが多いが、いずれにせよ、本人にとっては気力体力がいる大きな決断である。「訪問者」であるSWのことを意識せざるを得ず、長い目で見ると今後の展開に必ずよい結果をもたらしてくれる。そのため、本人に会えなくても手紙を置いていくなどして、「あなたのことを気にかけている人がいるよ」ということを知ってもらう。あきらめずに何回も訪問するという粘り強いアプローチが必要なのである。

　筆者の経験では、訪問して手紙を置いていってから1年以上が過ぎ、あきらめかけていた頃に、本人がひょっこり病院に現れたこともあった。本人にとっては、手紙を受け取ってから必死に考え続けた1年だったのだろう。それだけで、クライエントとの関係性の第一歩が築かれているのである。

仲間づくりのためグループに誘う

　医療中断してしまうケースは結構ある。親が医師やSWに相談するために来院を続けていたとしても、本人自身が通院が必要だと感じない以上、本人の継続通院には至らないだろう。SWは先述したような電話や声かけ、訪問などの努力をするが、それでもうまくいかないこともある。

　そのようなクライエントの心を動かすのは、SW など専門家ではなく、仲間の存在だったりすることが案外多い。医師や SW に言われても通院する気にはならないが、病院内に仲間ができると、その仲間に会えるから、と通院する気になる人もいる。そのような仲間づくりのために有効なのが、若者グループのようなグループワークやプログラムである。病院併設のデイケアでのプログラムや外来者用の作業療法のグループなど、活用できそうなものがあれば本人を誘ってみることをお勧めする。

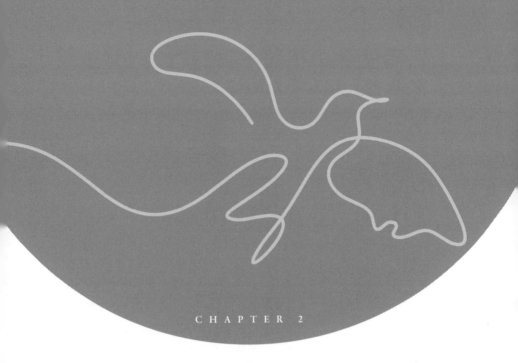

CHAPTER 2

— 第2章 —

本人とのかかわり方

二者関係の構築〜「信頼できる重要な他者」になるために

　心のケアが必要な思春期・青年期の若者とは、愛情をそそぐように受容的に支持的に接し、SWとしっかりとした二者関係の構築を目指すことが基本である。虐待を受けていたなどさまざまな事情から、幼少期に愛着形成ができておらず、実年齢よりも精神的に幼く、他者との基本的信頼関係を築くことができなくて、「育て直し」が必要なケースも多いと思っていい。二者関係を築くためには粘り強く働きかける必要があり、とてつもない時間とエネルギーを要するが、SWはその人にとっての「信頼できる重要な他者」になることを目指すのである。

　幼い子どもにとって、絶対的に信頼をしているのは親など本人の養育者である。親から無償の愛──見返りを求めない愛情──をそそがれ、無条件で自分の感情を受けとめてもらえる経験を重ねながら育つうちに、子どもは絶対的な信頼感を抱くようになっていく。ところが、親から虐待を受けたり、いい子でいたときだけほめてもらえるといった条件つきの愛情しかそそがれていないと、その子どもは、心の底から信頼できる存在をこの世の中に持つことができない。常に親の顔色をうかがったり、親の機嫌を取るために「いい子」を演じようとしたり、親の気を惹くためにわざと悪いことをしたりするようになる。こうした子どもは愛着形成ができていないまま思春期・青年期に突入することになる。不安で心細くてたまらない一方で、誰のことも本当には信頼できないという寂しくて苦しい精神状態を抱えている。

　このようなクライエントと二者関係を築くためには、まずSWが本人から信頼されるようになる必要がある。本人がいい子でいなくても、悪いことをしても、どんなときでも変わらずしっかりと見守っていく。

本人の言動によって SW の基本的な対応は決して変わらない。こうしたかかわりを長く続けていくことで、本人は少しずつ SW のことを信頼していくようになる。誰のことも、親さえも心の底から信頼できなかったクライエントが、初めて他者のことを信頼するようになっていく。家族ではないけれど、この世の中で信頼できる大切な人になっていくのである。それが、筆者が考える「信頼できる重要な他者」である。そしてこの関係性をベースに、SW はクライエントと長い時間をかけてさまざまなことを一緒にやっていくのである。

思いを丸ごと受けとめる

アキラさんの場合

　アキラさんの入院後、担当となった SW はすぐに本人に会いに行った。アキラさんは、母親に見せる攻撃性とは裏腹に非常に自信がなく、誰かに自分の思いをわかってほしいという気持ちでいっぱいだった。そのため SW はひたすら受容的に支持的に話を聴いた。「イライラしてつらいね。でもお母さんを殴るとあなたの手も痛くてつらいね。そのつらさを私に話してくれませんか。少しでも力になりたいんです」等語りかけた。すると、「これまで相談できる大人が誰もいなかった」とすぐに心を開いてくれるようになり、家族それぞれへの思い、将来への不安など、さまざまなことを話してくれた。退院後、当初は外来通院が不定期だったが、来院するたびに SW は声をかけるようにしていた。そのうち本人は外来のたびに SW と面接をするようになっていった。SW との関係性が深まるにつれ母親との距離が少しずつ取れるようになっていった。イライラして暴力が出そうになると、SW に会いに来たり電話してきたりして、少しずつ精神的に落ち着いていった。

　アキラさんは比較的容易に関係性を築くことができたケースである。アキラさんの場合、家庭内暴力という一見激しい行動化であるが、それには必ず理由がある。幻覚妄想など精神疾患が原因の暴力（誰かが襲ってくるという妄想があるため、自分を守るために暴力をふるう等）でない限り、寂しさや自分の思いがうまく伝えられないもどかしさ、苦しさなどが暴力の背景にはあるはずである。リストカットなどの自傷行為の場合も同じである。言い換えると、暴力や自傷行為という行動化でしか、自分自身の苦しみを表現できないだけなのである。

　クライエントの心の底からの欲求は、「今の自分をわかってほしい、受けとめてほしい」という思いである。家族、特に母親に期待しているのであるが、その欲求は残念ながら満たされていないことが多い。簡単に言うと「愛情に飢えている」のである。そのため、クライエントも助けを求めていたり、誰かに話を聴いてもらったりすることを待ち望んでいて、SWとの定期面接に持ち込みやすいのである。

　面接の初期は、クライエントを「丸ごと受けとめること」が大切である。クライエントにとって、初めて目の前に現れた「自分の話をきちんと聴いてくれる人、受けとめてくれる人」となり得るように、まずは「受容」「傾聴」。そして少しずつ「仲良し」になっていくことを目指すのである。面接を重ねるたびに少しずつ関係性は深まり、本人は落ち着いていくはずである。

感情が揺れているときに関係づくりを試みる

　家族に無理やり病院に連れてこられ、なぜ自分が医師やSWと話さなければならないのかと怒っていたり戸惑っていたりするクライエントは結構多い。また、困っていることはありそうなのだが、なかなか言語化できない人もいる。精神科にたどり着くまでの過程で、嫌な

思いもたくさんし、警戒心が強くなっていたり他者を信頼できなくなっている人がいるのは当然のことであろう。

なかなか心を開いてくれないクライエントの場合、泣いているときや怒っているときなど、本人の感情が揺れている場面に遭遇したら、関係性を構築するチャンスだと思ったらよい。泣く、怒るなどの感情表現は本人のSOSととらえるべきだからである。ふだんは「困っていません」とつっぱっているような人が、泣いたり怒ったりして感情が揺れているときに、SWはそっと声をかけたり黙って傍にいるようにする。そうすることで、「あなたに関心があるんですよ、あなたのことを心配していますよ、あなたの苦しみを共有したいから一緒にいるんですよ」というSWからのメッセージが、だんだんとクライエントに入っていくのである。そして、クライエントは少しずつだがSWの存在に気づき始め、「この人になら、自分の思いを話してもいいのかもしれない」と思ってくれるようになる。

行動をともにして「仲良し」になる

年齢が幼い人や、その人の障害の状態によっては、自分の感情を言語化することが難しいクライエントもいる。そのようなケースに対しては、本人のペースに合わせ、面接ではなく、一緒に遊ぶ・歩く・食べるなど「行動」をともにすることで本人に寄り添っていくかかわりも大切である。一緒に片付けや掃除をしたり、買い物に行くといった生活に根付いたことでもよい。一緒に何かをすることを通じて、少しずつ「仲良し」になっていくことを目指すのである。

また、成人のクライエントにかかわるSWは、ボディタッチはしないのが通常であるが、子どもの場合は、抱っこをする、背中をなでる等の身体的な接触は重要なかかわり方の1つである。思春期の若者

の場合も、その人の年齢に応じて、本人がSWに甘えやすいように頭や背中をなでるなどのボディタッチをあえてすることで、関係性を深めていける場合もある。ボディタッチが許容される年齢をどこで分けるかという問題があるが、決してセクシャルな意味合いにならないように注意が必要である。

一定の距離を保って長期戦でかかわる

　二者関係を築くことがもっと難しいケースがある。幼少期に親など身近な大人から虐待を受けるなどして、無償の愛を与えられる、愛情の裏打ちがあったうえで叱られるといった経験をしていない、愛着形成ができていない若者たちである。親にほめられるために、可愛がってもらうためにこびを売る、あるいは、関心を惹くために自分がひどい目に遭っているといった嘘をつくなど、悪気はないのだが、その場かぎりの言動をくり返す癖がついてしまっている人は結構いる。他者との適切な距離の取り方がわからないので、誰にでもベタベタと驚くほど無警戒に甘えたり、こちらを試すような嘘をついて相手の反応を見たりする。親に見捨てられるなど苦しい経験をくり返すなかで生き抜くために身につけた、本人なりの必死の知恵であり、防衛策でもある。痛々しいかぎりであり、こちらの胸が痛くなる。

　このようなクライエントには、SWは一定の距離を取り続けてかかわるほうがよい。理由は2つある。

　1つめは、SW側の理由である。援助者がよくやってしまうこととして、クライエントのことを「かわいそう」「この人のことがわかるのは自分だけ」などと思ってしまい、巻き込まれて逆転移するパターンがある。クライエントがSWに甘えているうちはまだよいが、SWが本人によかれと思って厳しいことを言ったりすると、クライエント

が急に態度を変えて攻撃性をむき出しにしたりする。そうこうするうちにSWが疲れてしまい、クライエントに対してネガティブな感情を抱くことすらある。これでは、誰のための、何のための支援かわからない。

2つめは、クライエントの今後のためにである。クライエントは他者との距離の取り方をこれまで学んでこなかった結果、そのような言動をしているわけであり、「そうではないよ」ということを伝えていく必要がある。具体的なかかわり方として、本人がべったりしてきたらSWのほうから少し距離を取り、そのことで相手が怒ったり失望したりして離れていっても動じない。本人がSWを無視しても、必要に応じて話しかけ続ける。本人がこびたりしなくても、どんな状態であっても、いつも態度を変えず、すぐ近くで見守り続ける人間がこの世の中にはいるのだということを、クライエントに知ってもらうことを目指すのである。

クライエントがそれを理解し、他者への接し方が変わってくるには、年単位のかかわりが必要となるが、そうやって長期戦で粘り強くかかわっているうちに、だんだん本人も変わっていき、落ち着いていく。

意図的に SW の自己開示をする

ソーシャルワークにおいては「自己決定」の理念が大切にされるが、発達過程にある思春期・青年期の若者の場合は、人生経験が少ない分、自己決定する材料を多くは持っていない。家庭環境に恵まれず、年上のモデルになるような存在もいない若者が多いため、自分の将来を想像できなかったり、悲観的に思い込んで希望を失っていたりする人もいる。そのため、クライエントが少し先の未来を想像できるように、選択肢や可能性を示唆し、人生にはよいことも含めていろいろなこと

が起こり得るし、それは本人しだいで変わりゆく部分もあるのだということを伝えていくことも大切である。

　ときにはSWが自己開示し、自身の個人的な経験や考え方を伝えることも有効である。多くの若者は親の庇護下にあり、親の価値観の影響を大いに受けている。親の価値観しか知らない人もいるであろう。しかし、その価値観の下で精神的に苦しくなったのだから、世の中にはさまざまな多くの価値観があることを伝えていくことがSWには求められる。その際、世間一般の考え方を話すよりも、SW自身の経験に裏づいた考えを話したほうが、クライエントにとって納得しやすいこともあるのである。

2−2 CHAPTER 2
関係性の深まりが引き起こす
さまざまな事象

　SW とクライエントの関係性が深まってくると、さまざまな事象が臨床上起こってくる。クライエントの退行が進んで(子ども返りして)依存性が高まったり、SW を独占しようとしたり、SW に陽性転移する人もいる。ときには SW が逆転移することもあるだろう。序章でも述べた通り、関係性のなかで転移・逆転移などさまざまな事象が起こってくることが若者支援の難しさの理由の１つである。戸惑ってしまう SW がいても当然であろう。

　重要なことは、目の前のクライエントに今何が起こっているのかを、まず冷静に見極めることである。SW 自身がわからない場合も多いと思われ、そのようなときは主治医はもちろんのこと、ほかの援助者からの客観的な意見も聞くべきである。

　SW 自身の心構えとして大切なことは、クライエントに向き合い続けること、逃げないことである。ここで SW がクライエントとのかかわりを怖がって逃げてしまうと、クライエントは必ず敏感に気づくだろう。すると関係性はあっという間に壊れてしまう。クライエントの状態によっては、先述したようにあえて適度な距離を保ってかかわることも大切だが、クライエントと「自覚的に距離を置くこと」と「逃げること」は意味合いがまったく異なる。今は「どのようにかかわればよいのかわからないから距離を置く」というのであれば、クライエントに「逃げた」と思われないように、時々はきちんと向き合うなどの対応を考えなければならない。また、そのような SW 自身の状況、たとえば「今は逃げ腰になっている」「逆転移している」といったことについては、SW が自覚的であることが何よりも重要である。

「子ども返り」「反抗」は冷静に受けとめる

アキラさんの場合

アキラさんとの定期面接を重ねるうち、アキラさんは外来日以外も病院に来て、毎日のようにSWと話すことを求めるようになった。さらに甘えて面接場面で手を握ってくるなど身体的接触も求めるようになってきた。主治医と相談し、一時的な退行現象ととらえ、しばらく受容することにし、面接の最後に握手をすることもあった。しかし、半年後には一転してSWに反抗的な態度を取るようになった。面接中に乱暴な言動で不機嫌さをあからさまに出し、面接室の机を拳で叩いたり壁を蹴ったりするようにもなった。母親にのみ暴言、暴力が出る人だったため、SWはアキラさんが攻撃性を見せた初めての他人であった。かかわりを振り返るなかで、アキラさんはSWとの関係性において「反抗期」をやっと迎えたのだと分析し、そのことをアキラさんに伝え、これからは一緒にイライラを乗り越えていこうと話した。

　SWとの関係性に安心感を抱けるようになった人は、アキラさんのように退行して依存が激しくなることがある。「やっと甘えられた」ということであり、年齢に関係なく起こる事象であるが、心のケアが必要な思春期・青年期の若者には特によく起こる。クライエントが子どもであればSWは甘えも受けとめられるだろうが、たとえば20歳を過ぎた人が甘えてきたりすると、驚きや不安を感じるSWもいることだろう。しかし、人によっては「育て直し」の重要なプロセスであるため、主治医とも確認し、アセスメントをしたうえで、冷静に受

けとめていくべきである。いたずらに退行や依存を引き出すことは避けなければいけないが、「この人に何が起きているのか」を見極めて対応していく。とはいえ身体的接触はできるだけ避けたいので、背中や肩をポンポンとする程度で折り合いをつけていきたい。

　また、これまで家族にしかぶつけなかった怒りの感情をSWにぶつけたり、反抗期のような様相を見せたりすることもある。怒りの理由、本質は慎重に見極めるべきで、援助者側に落ち度がある際は謝罪すべきであるが、関係性が深まってきたゆえの「八つ当たり」などであれば、SWは冷静に受けとめ、アキラさんのケースのように、ときには解釈して本人に返したり、どうしようもないいらだちを共有するよう努めていく。

　人は、通常は他者に対して気を遣うものである。心のケアが必要な若者の場合はなおさら、自分が傷つくことをおそれて、なかなか他者に本音を言うことなどできないものである。そのため、反抗的であっても八つ当たりであっても、自分自身の率直な気持ちをSWにぶつけることができるようになったのは、関係性が深まったゆえである。また、他者に感情を出せるようになったという本人の成長の証でもあるので、SWとしては喜ぶべきことなのである。

　クライエントにいきなり怒鳴られたりすると動揺するのは当然であるが、実際にSW側に何か不手際があったのかどうかも含めて、これまでの本人とのかかわりを冷静に振り返るなかで、なぜ本人が怒鳴ったのかなどを見極めていくことが大切である。わからないときには、主治医やほかの援助者に聞いてみるとよい。

「お試し行動」には反応しない

　思春期・青年期の若者は、SWとよく話すようになって関係性が深

まるにつれ、SW に陽性転移したり、どこまで SW が自分のことを受けとめてくれるのか、いろいろな方法で試してくることがある。「お試し行動」である。

SW の気を惹くのが目的であり、多く見られる言動は、深刻そうにさまざまなことを訴えてきたり、「リストカットしちゃった」と傷を見せにきたり、わざと SW を無視してみたり、といったことである。こういった言動に対しては、先述したように、淡々と一定の距離をとって対応すること、いちいち反応してクライエントに振り回されないことである。

クライエントから、「どうせ仕事だから話を聴いてくれてるんでしょ」「SW としてなの？　人としてかかわってくれてるんじゃないの？」などと聞かれることはしょっちゅうあると思っていたほうがいい。教科書的な答えは、「仕事だから。SW として」ということだが、これをそのまま若者に返しても、なかなか理解は得られず、本人がすねてしまうだけであろう。

「話を聴くことはもちろん私の仕事だけれど、あなたを心配している気持ちに変わりはないですよ」「SW としてあなたにかかわっているけれど、私があなたを大切に思う気持ちに変わりはないですよ」。思春期・青年期の若者には、この程度のことはあえて伝えることも必要だと筆者は考えている。

逆転移が起こりやすいと自覚しておく

思春期・青年期の若者は、序章でも述べたように、援助者側が逆転移しやすい要素を持っている人が多いということを理解しておく必要がある。

SW 自身が若者とかかわるなかで、自分の若い頃のことを思い出し

てしまったり、重ねて見たり比べて見たりしてしまう。いろいろと自分の感情を揺さぶられるなかで、クライエントへの思い入れが必要以上に強くなってしまい、逆転移してしまうこともあるのである。

SW は、自分が逆転移しやすいタイプかどうかなど、自己覚知を進めていく必要がある。自覚的であれば、逆転移するくらいの強い思いで援助できるが、そうでないと SW が 1 人でクライエントを抱え込んでしまったり、ほかの援助者、他機関からの援助に嫉妬してしまったり、本人にとってマイナスに働くおそれもあるからである。

くり返しになるが、かかわり方で悩んだとき、困ったとき、わからなくなったときなどは、ケース検討会を開いたりスーパーバイズを受けたりするなど、ほかの職員から意見をもらうことが大切である。

とにかく SW は自覚的であるべきなのである。

陰性感情を抱いたときは距離を置く

SW がクライエントに対して陰性感情を抱いてしまうケースが臨床では必ずあると思っていたほうがよい。どれほど SW としての訓練を積んでいても、クライエントからしつこく攻撃され続けたときなどに、SW としての通常の冷静な対応ができずに感情的になってしまったり、クライエントの言動に深く傷ついたりして、面接自体が苦しくなることもあるだろう。SW が精神的に参ってしまうこと、相手に陰性感情を抱いてしまうことはあるのである。そのようなときはクライエントと少し距離を置いたほうがよい。

「いかなるときでもクライエントの話は傾聴しなければいけない、苦しんでいる人の話こそ、きちんと聴いて受けとめなければいけない」と思っている SW は多いだろう。筆者もかつてはそうであった。しかし、あるとき、かかわり方を悩んでいたケースを検討会で話し合っ

たところ、「自分がつぶれるまで傾聴するのは間違っている」「なぜ、SW（筆者）は理不尽なことまで受けとめるべきだと思っているのか。そう考えてしまう自分自身のSWとしてのありようを見直すべき」など多くの意見をもらい、自分がそのクライエントに巻き込まれていたこと、そして無理をして傾聴しているうちにクライエントに陰性感情を抱くに至ったことに気づけたのである。

クライエントに対する陰性感情に気づいたとき、自分を必要以上に責めてしまうSWもいるのだが、そのこと自体で自分を責める必要はない。大切なことは、自分自身が「このクライエントに対して陰性感情を抱いている」ということを自覚することである。そして、クライエントとのかかわりに影響が出ないように、しばらくの間、少し距離を置くことをお勧めする。本人から毎日のように面接要求や電話があったとしても応じない。絶対に動かないといけない用件のときなどに絞り、そのときは冷静に対処するように意識することである。

クライエントからの攻撃は、本人がとてもつらい状況にあってSWに八つ当たりをしている場合や、SWの存在がクライエントの過去の誰かを想起させて攻撃を向けている場合もある。いずれにせよなんらかの理由があるはずなので、カンファレンスやスーパーバイズなどを受けて客観的な意見を求めることが非常に有効である。

それでもどうしても陰性感情がぬぐえず、かかわることが苦しければ、クライエントにとってもよいことではないので、担当変更を検討したほうがよい。

時間帯・状況を考えて意図的に厳しくする

SWの基本姿勢は受容、共感、傾聴であるが、関係性が深まってくると、今後のクライエントの成長のためにも、本人に対してときには

厳しいことや、あえて突き放すようなことを言わなければならない局面も出てくる。今後の生活についてなんらかの選択を迫るなど、現実的でシビアな話に直面化させて考えてもらうこともある。

　それは面接においてとても大切なことである。ただし、話すタイミングは慎重に考え、意図的に行わないといけない。たとえば、SW との面接の後に主治医の診察があったり、ほかの職員と話す時間があるなど、ほかの人に本人をフォローしてもらう機会を確保しておくのは1つの方法である。本人にも、「今日は厳しい話をしたから、先生や職員の〇〇さんにも相談してみてはどうか。SW からも話を聴いてくれるように伝えておくから」と、情報を共有する了承を得て、主治医らに報告しておくのである。

ときには本気の感情をぶつける

　SW の感情表出は、基本的には意図的に行うべきである。たとえば、怒るときも意図をもって自覚的に行う。二者関係が構築されていない限り、怒ってもクライエントの心には届かない。

　しかし、関係性が深まってくると、まるで SW に怒ってもらうのを待っていたかのようなクライエントに時々出会う。二者関係ができていると、怒られても、「自分のことを思って怒ってくれた」ということを本人は感じ取るものであり、怒られたことをうれしく感じるクライエントもいるくらいである。それは、親子関係がうまくいっていない若者の場合、親から「適切に怒られる」経験をしてきていない人が多いからである。

　「悪いことをしたから怒られる」という、はっきりとした理由があるときに親がきちんと怒ってくれることは、成長の過程でとても重要なことである。本人は何も悪くないのに親の機嫌が悪かったためにヒ

ステリックに怒られたり、必要以上に厳しく怒られたり、あるいは逆に、ネグレクト状態で何をしても怒られないで放っておかれることも現実にはある。このような経験しかない若者に対しては、「悪いことをしたら怒られるのが当たり前で、それはあなた自身のために怒っているのである」ということを、SW がかかわりのなかで伝えていくしかない。

もちろん、大声で怒鳴りつけるといった行為はクライエントをおびえさせてしまうおそれもあるので避けたほうがよいが、クライエントと関係性のできている SW が真剣に怒ったり注意したりする行為に対しては、「愛情の裏打ちがある」ことを、多くの場合クライエントは敏感に感じ取るのである。

そのため、ときには SW がクライエントに対して意図的ではない本気の感情をぶつけ、怒ったり泣いたりすることがクライエントの心に届き、転機になり得ることがある。

かかわりの「枠組み」を設定する

若者の言動を丸ごと受けとめる受容的、支持的な対応だけではうまくいかない場合がある。そのため、これ以上の言動は受け入れない、認めないための「枠組み」や「限界設定」を SW があえて提示したほうがよいときもある。自分でもどうしたらよいかわからないもどかしい思い、抑えられない衝動性などをクライエントが抱えているときに、そういった「枠組み」が必要になってくる。

「枠組み」とは、簡単に言うと決まりごと、約束ごとのようなものである。何でも自由だとかえってどうふるまったらよいかわからない、どこまで無茶をしてよいのか、許されるのかがわからない、という人もいる。「枠組み」があったほうが、クライエントがそれに合わせて

生きやすくなる場合には、あえて設定するのである。そうすることで、クライエントがその「枠組み」を指標とし、自分自身を抑えていくことができるように、落ち着いていくことができるようになるのである。

　しかし、こうした「枠組み」をSWが安易に設定することは避けなければならない。「枠組み」は、ややもすると、援助者側の都合のいいように使われるおそれもはらんでいるからである。受容的な基本姿勢が援助者側にあるからこそ、生きてくる「枠組み」なのだということを忘れてはいけない。

2-3

本人の目線にあわせたかかわり

　精神科につながったということは、クライエントに何か困った症状や周囲を困らせることがあったわけであり、本人は親をはじめとする周囲の大人たちに、これまでさんざん否定的なことを言われている人が多い。そのため、親が本人に言うようなこと、たとえばちょっとした小言や説教などを SW は言ってはいけない。クライエントは SW に対してうんざりし、「この人もほかの大人と同じだ」と思うだろう。

　SW は、親の目線からクライエントを見ては絶対にいけない。あくまでも、本人の目線に思いを馳せ、本人の立場から物事を見て、本人と一緒に考え、寄り添うことが大切である。

　「自分の子どもと重ねて見てしまう」などの理由で若者とかかわるのが苦手だという SW に出会うことが時々ある。自身の子どもがいる SW の場合は、自分はその人の「親」ではないことを肝に銘じ、あくまでも「SW として」意識的にかかわるべきである。

"かつての自分"を思い出し感覚をあわせる

アキラさんの場合

　アキラさんは、好きなマンガやアニメで自分が気に入っているセリフを教えてくれたり、マンガを貸してくれたりして SW の感想を聞きたがった。自分の好きなものを知ってほしい、好きなものにつ

いて語り合いたいという感情を抱くのは当然のことであり、SW も本人のことを少しでも理解したいと思ったため、本人の年齢に自分の感覚をできるだけあわせて、読んだり話したりするよう心がけていた。しかし理解できないものも当然あり、「わからないから教えて。どのあたりが面白いの？　共感できるの？」などと率直に聞いてみることもあった。

　このように、SW は常に想像力を働かせ、自分自身がクライエントの年齢だったときに何をどう感じていたか、世界をどう見ていたかなどをできるだけ思い出せるようにしたほうがよい。すると、たとえば保育園や幼稚園に通っていた幼い頃でさえ、自分がいろいろな葛藤をすでに抱いていたことを思い出せるのではないだろうか。そして成長とともに、親に話すよりも友達に話すほうが楽しくなっていたことなども思い出され、思春期・青年期独特の心性を持っている若者に共感的にかかわることができるだろう。

　とはいえ、どうやってもクライエントが今感じていることを、本当には理解することなどできないという謙虚さは持ち続けてほしい。

　「わかったふり」は、クライエントはすぐに見抜く。特に、現在の若者の流行などは我々がわかるはずもない。クライエントが興味があると言ったマンガを読んでみるなどの努力が必要なときもあるが、「わからないから教えて」と率直に聞いてみるのも 1 つの方法である。たとえ、そのマンガの面白さは理解できなくても、「マンガに夢中になる感覚」については、かつて SW 自身が何かに夢中になっていた頃のことを思い出すなどして、共感することはできるはずである。

「秘密」は成長の証と親に理解を促す

「秘密」は思春期・青年期を考えていくうえでのキーワードの1つである。

子どもは、幼い頃は何でも親に話したがり、親に嘘をつくことがなかなかできないものである。「嘘をついてはいけない」と学校などでも習うし、嘘をついてそれがばれると親に怒られるという図式もある。

しかし、心身ともに成長して思春期に突入していくにつれ、本人は親に話すことに照れや恥ずかしさを感じ始める。悩みごとは親よりも友達や恋人に話すようになっていく。健全な成長における必然のプロセスである。親には言えない秘密を持つこと。それは、自我が育ち、精神的に親から自立していっているからこその現象である。

ところが、時々そのことを理解できていない親と出会うことがある。幼い頃は何でも自分に話していたわが子が話さなくなったこと自体に腹を立てたりする。わが子のことは何でも把握しておかないと親自身が不安になるのだろう。このような気持ちは、通常は親が「親として」成長していく過程で乗り越えていくものである。それができないと、支配的な親になってしまい、子どもが苦しみ続けることになる。

そのためSWは、「子どもが親に秘密を持つこと」は、成長の証なので心配しないで黙って見守ること、それが親の役割であることなどを、親が理解して安心できるようにきちんと説明する必要がある。親へのかかわり方については第3章で説明する。

本人の「親」のようにはならない

人は、自分自身に子どもができて「親」という存在になった途端に、

自分が子どもだった頃のある部分をすっぽりと忘れてしまう人が多いのではないか。筆者は常々そのように感じている。子どもの頃に好きだったこと、楽しかったことなどは覚えていたり改めて思い出したりしても、ある部分——どんなに幼くても大人のことをちゃんと見ているし、いろいろと考えて悩んでいるなどといった、ある意味子どもらしくない部分——のことは、無意識に見ないようにしている親がいるように思う。それはきっと、子どもという「守るべき大切な存在」ができた途端に何かスイッチのようなものが入って、「まだ子どもだから」と思うことで子どもを守る親になっていけるというような、よい意味で「親らしく」生きるようになっていく過程で起こることなのだと筆者は考えている。

　しかし、SW 自身が「親」になった場合、自分の子どもに対しては、もちろん「親として」接するべきだが、クライエントに対しては、「SW として」かかわらなければならない。親になったからこそ得られた感性は大切にすべきだが、失いがちな「自分自身が子どもだった頃の感覚」を保ち続けるよう心がける必要がある。そのためには、自分が子どもの頃に感じていたことのうち、特につらかったこと、苦しかったことを思い出す努力が有効だろう。

　SW は専門職である。子どもを持って「親」になっても、クライエントに対しては決して「親」になってはいけない。あくまでも「SW として、専門家として」かかわらなければならない。

　そのようなことは当然だとわかっている SW も多い一方で、混然としてしまう SW もいるだろう。たとえば、自分の子どもと同い年の思春期のクライエントを目の前にして、クライエントには「SW として」かかわり、帰宅してわが子には「親として」かかわる。考えてみれば、これはとても難しいことである。クライエントにかかわる時間が長くなればなるほど、立場性を上手に使い分けることが難しくなってきて、ついには「SW として」という立場がぐらついてしまう。

そのくらい困難なことだと認識しておいたほうがいい。ときには担当変更を検討したほうがよい状況となることも想定しておきたい。

親を批判する言葉は本人には言わない

　思春期・青年期の若者はよく、親に対する否定的な感情をSWに言うことがある。ときには強い口調で親の悪口を言うこともあるだろう。しかし、それは愛されたい思いの裏返しであることが圧倒的に多い。親に期待しているからこそ、「自分のことを理解してほしい」「本当はこうしてほしい」といった思いがあふれ、不満となって発言されるのである。

　そのため、たとえクライエントが批判していることであっても、SWら他者が家族のマイナス面などを指摘すると、深く傷ついたり怒ったりする人もいる。クライエントが話す内容に共感を示しても、同調して安易に家族の言動を批判してはいけない。慎重に言葉を選んで返したほうがよい。本人に自覚がない場合もあるが、批判はしても本人にとっては本当は大好きで大切な親であることが多い。

　関係性が深まってくると筆者は、たとえば母親に対する激しい批判をくり返すクライエントに対して、「でもさ、そんなお母さんでも、あなたは大好きなんだから仕方ないですよね？」などと言ってみることがある。本人は毒気を抜かれたように黙ってしまったり、「そうなんですよねー」と、自分の気持ちを素直に認めたりすることもある。「親だけど完璧なわけではない。完璧なんて無理だけど、それでも自分の親であり好きである」という現実を、本人が飲み込んでいけるように、SWは本人との面接のなかで少しずつ促していけたらいい。

親への期待をあきらめるように促す

　親は長く生きている分だけ、考え方や信念を変えていくのは難しいものである。第3章で家族へのかかわり方について述べるが、たとえ親のかかわり方が本人にとってつらいもので、SWが介入して親に働きかけていっても、本人が求めている「理想の親」像に簡単に変わるわけではない。そのため、実際にはクライエントに対して親の変化を期待するのをあきらめていくように促すことが多い。

　たとえば、精神的に不安定な母親が当たり散らしたり厳しく接したりするため、母親への嫌悪感を頻繁に訴えていた人に対し、「あなたは間違っていない」と本人の思いは受容したうえで、「親のありようが変わることは難しい」という現実を本人に理解してもらい、「親に変わってもらうことを期待するよりも、あなた自身が変わったほうが早いですよ」「親に何を言われても聞き流すようにしましょう」などと、少しずつ親への期待をあきらめていけるよう伝え続ける。その際は、親の代わりの本人の甘えや依存の対象として、SWが本人の思いを一時的に受けとめていく必要がある。

危機的な状況での対応

　精神科にたどりつく若者のなかには、生きづらさがつのって「死に
たい」という希死念慮を抱えている人が多くいる。

　①『死にたい』と思うこと、②実際に軽くリストカットをしたり薬
を多めに飲んだりすること、③実際に死に至る決定的な行為をするこ
と……それぞれの段階には大きな隔たりがあるが、次の段階に行かせ
ないようにしたいし、③になる前に食い止めなければならない。

　①の「思うだけ」であれば多くの人がそう思う瞬間はあるだろうし、
もう少し重症で「死にたい」気持ちが常にあるような場合でも、思っ
ているだけであればまだいい。「死にたい」という気持ちは、実は「生
きているのがつらいから、死んだほうがマシなのではないか」という
消極的な選択肢である場合も多いからだ。

　①から②に移行する前にかかわりたいところだが、精神科領域の
SW が若者に出会うときは、既に②の段階にいることも多い。こうし
た危機的な状況にいる若者が、不安定になってリストカットをしたり、
「死にたい」などと言ってきたときに SW がどうかかわるか。③の段
階に行かせないための対応の仕方の例をここでは記していく。

リストカットはまず手当てする

　心のケアが必要な若者とかかわっていると、「リストカットしてし
まった」と血のにじんだ腕を見せに来るなど、クライエントが自傷行
為をした場面に遭遇することがある。SW は医療行為をする職種では
ないため、傷口を見るのが苦手だったり戸惑ったりする人もいるだろ

う。クライエントの精神状態や傷の程度、SW との関係性などによって、かける言葉の内容など対応は異なってくるが、なすべきことは、まず傷の手当てをするということである。この基本的な動きにより、SW がクライエントのことを大切に思っていることが、いつか本人に伝わる。話を聴く前にまず手当てである。

　精神科病院など医療機関であれば、医師や看護師に診てもらい、その場で手当てをしてもらうか、傷が深くて縫う必要があるなら外科受診につなげることになる。医師や看護師がいない福祉施設や事業所等の場合は、SW が手当てする場面もあるだろう。家庭でふつうに手当てできる程度の浅い傷であれば、消毒をしたり軟膏を塗ったりバンドエイドを貼るなどの対応をすることになるが、その際は怒ったりせず大げさに心配したりもせず、できるだけ冷静に淡々と手当てするほうがよい。傷が深ければやはり外科受診を促すべきである。

　子どもではない場合、SW のかかわりはボディタッチを極力避けるが、「傷に軟膏を塗る」「バンドエイドを貼る」という体にふれる行為で、人のぬくもりを感じてホッとする人もいる。市販の軟膏や単にハンドクリームでもよいので常備しておくと、「かかわりの手段の 1 つ」として使えることがある。

　SW が注意すべき点は、手当てが終わってから、本人の話をどのように聴いていくのかということである。関係性ができていないクライエントや、傷を隠したがるクライエントに対しては、まずリストカットを SW に正直に伝えてくれたことをきちんと受け止め、ねぎらう。リストカットは本人が言葉では表せなかった SOS だからである。自傷行為という形での「助けてほしい」訴えに対し、SW は応えなければならない。「痛かった？　つらかったですね。何があったんですか？」などとやさしく聴いていく。傷を隠したがるということはアピール行動ではないので、より深刻だととらえ、丁寧に聴いたほうがよい。

　両腕にびっしりと、ときには足にまで傷痕がある人や、関係性がで

きているクライエントに対しては、新しい傷痕が増えても SW から
あえて指摘しなくてもかまわない。そのようなケースの場合は、本人
から訴えてきたり傷痕を見せたりすることが多いので、その際にきち
んと話を聴く。SOS であることは、傷口を隠す人と何も変わりはな
いからである。

　いずれにしても、「切ってしまった」ことに対して SW が大げさに
驚いたり怒ったりしてはいけない。特にリストカットをくり返してい
る人の場合、家族や本人の関係者がうんざりしていることもある。だ
からこそ、SW は「切ってしまう」背景にある本人のつらさに思いを
馳せ、寄り添うよう努め、関係性を築いていくのである。二者関係が
築けていないうちに怒ったり注意したりしても相手には伝わらない。
SW はクライエントのありのままを受けとめ、相手の表面的な言動に
振り回されたり、自身の感情に左右されて態度を変えたりしないこと
が大切である。

リストカットの背景にある苦しみを想像する

　「初めてリストカットをしたとき」は自殺目的だったという人は多
い。そこから切ることに慣れていきくり返すようになる人もいる。リ
ストカットをしてしまう心性はとても複雑である。現実のストレスか
ら逃避するためという人、血を見ると落ち着くという人、切ることが
癖になってしまっている人もいる。十分に傷の痛みを感じたり動揺し
ている人がいる一方で、切った瞬間のことを覚えていない（解離して
いる）人もいる。つらさを周囲にわかってもらうため、誰かの気を惹
こうとして切ってしまう人もいる。

　浅いリストカットをくり返している場合、「死ぬために切る」とい
う人は少なく、むしろ「今この瞬間を生き抜くために切る」という思

いからきていることが多い。リストカットの痛みを感じることで、その人が抱えているもっと大きな痛みや苦しみから一瞬気を反らすことができ、その結果しばらく生き続けることができるというものだ。しかし、背景に大きな苦しみを抱えていることは間違いないので、浅いリストカットをくり返しつつも、ずっと希死念慮を抱いている可能性があるので注意が必要になる。

　また、「初めてのリストカット」で、ざっくりと深く切る人や腕の静脈に沿って縦に長々と切る人もいる。こういう思い切ったことをする人のなかには、「リストカットでは死ねないとわかったから、もうしません」と淡々と言う人もいて、次はもっと確実な方法を選ぶということなのかと非常に怖い気持ちになり、話を丁寧に聴くしかない。

　なぜリストカットをするのか、その意味、心の中で何が起こっているのか等は、本書で解説しきれるものではないため、精神科医らが記した専門書をぜひ読んでいただきたい。

　どのような場合でもSWが話を聴く際は、どうやって（何で）切ったのか等、「切った」という行為そのものに焦点を当てないほうがいい。なぜ切ったのか、どのようなつらいことがこの間にあったのかなど、リストカットの背景にある本人のつらさや不安に焦点を当てて聴いていくのである。「切らないとどうにもならなかったつらさ」を侮ってはならず、どのように乗り越えていくのかをSWはクライエントと一緒に考えていく。リストカットをくり返しても、どんなことをしても、見捨てたりしない人間がこの世の中にいるということを知ってもらえるまで、共感的に支持的にかかわることが重要である。

「死にたい」には「私は死んでほしくない」と返す

　心のケアが必要な状態というのは、基本的に不安定さを抱えている

ということである。調子がいい日もあれば、ものすごく不穏なときも
ある。たとえば、クライエントが泣きながら電話をかけてくることも
ある。また、面接中に「死にたい」と訴えることもある。その度合い
によっては精神科医の臨時受診につなげる判断も必要だが、SWがか
かわるときにポイントとなることを記す。

「死にたいくらい、つらいんですね」と、まずは受けとめる。決し
て怒ったり、話をはぐらかしたりしてはいけない。そして、「でも、
私はあなたに死んでほしくない。また会いたい。話を聴きたいですよ」
などと、明確な「わたしメッセージ」を伝える。

「死にたい」と思う若者は、「生きていても何もいいことなんてない。
自分は誰にも必要とされていない」などと思い込んで絶望している人
が多い。そのため、「私はまたあなたに会いたい」とSW自身の気持
ちを率直に伝え、「今この瞬間」「今日1日」を生き延びてもらうよう
に努めるのである。

「死にたい」の理由を言語化できる場合は、ひたすらやさしく聴く。
問い詰めたり叱ったりしない。言語化できない場合は、後述するよう
にまずは水など何か飲んでもらったり、飴をなめてもらったりすると
よい。

通院先で頓服が処方されている人は頓服を飲んでもらったほうがよ
いし、頓服がない人は、定時薬を少し早めの時間でも飲んでもらうな
ど、そのときその場で服薬してもらうように強く促したほうがよい。
頓服などの薬を飲んでから話を聴くと、聴いているうちに薬が効いて
きて本人が落ち着いてくることも多い。

入所施設や24時間体制で電話対応をしている事業所のスタッフは、
精神的に不安定な利用者の処方内容を把握しておくとよい。そして、
不穏時や眠れないときに、頓服を何錠まで飲んでもいいか、睡眠剤を
飲んでも眠れないときに追加で飲んでよいか、といったことを主治医
に確認しておく。

　一方、大量服薬（オーバードーズ、OD）をするおそれがある利用者については、処方薬の何回分、何日分を飲んだら致死量となるか、といったことも主治医に問い合わせておくことをお勧めしたい。こうしたことを確認しておくことで、救急車をすぐに呼ぶべきか、施設で様子をみることができるかなどの判断材料となる。

　電話でも対応の基本は同じであるが、表情が見えない分、難しい。電話で「死にたい」と訴える人にはできるだけ早く会う約束をして、顔を見ながら話を聴いたほうがよいのだが、まずはその電話を本人が安全な状態になってから切るように努める必要がある。

　とはいえ、後述するように深夜帯は長々と話を聴かないほうがよい。「死にたい」「眠れなくて苦しい」などの危機対応に徹して眠ってもらえるように心がける。重要なことは、夜に「死にたい」などと思い詰めたり、何か困ったことがあって焦燥感にさいなまれたりしても、一晩寝て起きるとたいがいは収まり気分は変わっているということだ。そのため、苦しい夜は一旦寝ていただく努力をすることが肝要なのである。日中であれば相談できる機関も多いので、起きてから誰かに相談したらよい。もし死にたい気持ちが収まらずに朝も続いているようなら、深刻な状態ととらえて臨時受診につなげたほうがよい。

深刻な話はできるだけ日中に聴く

　深刻な相談は、夜ではなく昼間に聴くのが基本である。理由は2つある。

　1つめの理由は、外来や通所のクライエントの場合、面接後に帰る自宅でのフォローをSWはできないからである。日中の時間帯であれば、面接後、帰宅してから不穏になったクライエントから電話をもらったり、再度来所を促して話を聴いたりすることもできる。同居家

族がいる場合は家族に連絡して本人の様子を注意してみてもらうこともできるが、一人暮らしの人の場合は、誰もクライエントをフォローできない。この人がこのまま帰ったらどうなるかを想像して、後述する「次の約束をする」など、でき得る限りの手を尽くして面接は終えたい。そのためには、面接する時間帯も重要になってくる。

2つめの理由は、夕方から夜中にかけては一般的に人の思考はネガティブになりがちであり、心のケアが必要な状態の人はなおさらその傾向が強く不安定になりがちだからである。

夕方、クライエントから悩みごとの電話が入ることは多いと思う。この夕方以降の電話の取り方には特に注意を要する。電話をかけてきたときにすでに泣いていたり、怒っているなど興奮が激しいときは、まずは傾聴し、しばらく聴いても本人が落ち着かないときはその場で来所を促すか、来られないときには、本人の了承を得て家族に本人の状態を伝え、見守っていてほしい旨を伝える。

電話相談の内容が深刻そうなものであればあるほど、「顔を見ながら話を聴きたいので、明日来てください」などと促していく。「話はその場で聴いたほうがいい。聴いてあげるべき」というものでは決してなく、時と場合による。特に夕方以降は、話しているうちにクライエントの心からどんどん気持ちがあふれ出てきて、話せば話すほど不安が広がってきて、いくらSWが受けとめようとしてもどうにもならないこともある。そのため、夕方以降はあえて深い話を聴かないと相手にきっぱりと返したほうがよい。「今日はもうそのことはできるだけ考えないようにして、寝てしまいましょう。明日の朝、もう一度電話するか、来所してください」などと返すのである。

クライエントが入院中であれば、24時間看護師や当直の医師もいるので安心だが、夕方以降に深刻な相談を受けないほうがよいのは同じである。聴いてしまった際には、本人が夜間に不穏になる可能性を考えて、看護師らに状況を申し送りしておきたい。

パニック時は“飲む食べる”現実的なことを勧める

パニックを起こすなどして不穏な状態のクライエントにかかわるとき、本人の話を聴くことはもちろん大切だが、意外と行動を伴う現実的・実際的なことを勧めることが有効なことがある。心と体はつながっているからである。筆者が普段クライエントにやってもらっていることを紹介する。

1つめは、深呼吸してもらうことである。面接でも電話でも、クライエントに深呼吸を勧めることはできるだろう。「ゆっくり息を吸いましょう。吸って〜」「ゆっくり吐いて〜」などと声をかけながら、SWも一緒に深呼吸する。しかし、パニック状態で呼吸が浅くなっている人が深呼吸をするのは実はかなり難しい。

そこで、2つめに有効なのが「水など何かを飲んでもらう」ことである。できれば温かい飲み物や甘い飲み物がよい。温かいものや甘いものを摂ると、人は落ち着くことが多い。筆者が運営しているグループホームには、常にココアやカフェラテなど甘い飲み物が置いてある。コーンポタージュやコンソメスープなどスープ類でもよい。しかし、温かい飲み物がすぐに用意できない状況はあるだろうし、事態がもっと切迫している場合もあるだろう。そういうときは、まず「水」を飲んでもらうことをお勧めする。

水を飲むための一連の体の動き（水道の蛇口からコップに水を注いだりペットボトルの蓋を開ける行為など）、水が口の中に入ったときの感触、ゴクンと飲み込むときに喉が動く感覚、水が咽頭を通る感触……といった身体感覚を感じることで、「死にたい」等の感情のみにとらわれていた状態から、一瞬でも現実的な感覚、正気を取り戻すことができる。

水を飲むことができたら、少し安心できる。次は甘いものや温かい

ものを飲んでもらってもいいし、処方薬や頓服を飲んでもらえたらなおよい。

　もし飴などがあればなめてもらったらいい。飴を口の中に入れることで、身体感覚を感じることができる。

　3つめは、何か食べてもらうこと。おやつでも食事でもいい。本人が好きなもの、おいしいものであればなおよい。満腹になると人はとりあえず満足できるものである（一部の摂食障害の人を除く）。思考もゆるむので、深刻な悩みから一時的に開放される。

　こうした「飲む、食べる」という体を使った現実的・実際的なことをすることで、「死にたい」等の気持に心がとらわれている状態から、現実世界に戻ってくることができる。

　4つめとして、お風呂に入ったり布団にくるまったりして体を温めることも有効である。パニック状態のときは、体が硬直してかたまっていたりガタガタと震えていたり冷や汗をかいていたりするので、体を温めて筋肉をほぐすと、心も少しゆるむ。温かいものを飲んだりお風呂に入ったりしてホッとしたときの感覚である。

　いずれも面接室のなかではやってもらうのが難しいことなので、職場の事情によってはクライエントに勧めるだけになると思うが、こうしたことを知っておくと、クライエントが不穏な状態で電話をしてきたときに適切な助言ができる。

　5つめは、しっかり寝て体の疲れを取ってもらうことである。寝不足だと前向きな考えは浮かんでこない。生活リズムも重要である。よく眠るから朝起きることができ、生活がまわっていく。不安定な人はきちんと睡眠が取れていないことが多い。睡眠不足による弊害は大きく、眠れない夜が続いているようなら、主治医に相談してみたほうがよいだろう。

不安定なときは「次に会う約束」をしてもたせる

　不安定な状態にあるクライエントとの面接や電話を終了させるときも慎重な対応が求められる。ポイントは、必ず「次に会う約束をする」ことである。

　次に会う約束。それはクライエントの状態によっては「明日の朝」のこともあり、今から「明日の朝」までの数時間を、死なないように、なんとかもたせるために、約束するのである。必ず会うという約束をすることで、「ずっとあなたと一緒にいるわけではないけれど、ずっとあなたのことを見守っている。あなたは１人ではない。あなたのために必ず私は時間をつくるので、また会いましょう」という強いメッセージを明確に伝える。「また会って話を聴いてもらえる」「つらいときはまた電話をすればいい」という思いが、ほんの少しでもクライエントの心の支えになるように、本人にとってSWの存在が「目の前にはいないけれど、心のどこかにはいる」と思えるように、今これからの数時間、数日をもたせるようにするのである。

　電話相談の際は、クライエントがこれから来られる時間帯であれば、すぐに来てもらって面接することも考える。時間を持て余しているSWなどいないのは筆者も承知しているが、本当に緊急の際は、「かかわりのトリアージ」をしていかないといけない。「かかわりのトリアージ」とは、今現在から自分が時間を取ることができる範囲内で、クライエントの状態等を総合的に判断し、話を聴く人の優先順位を決めていくということである。

　クライエントを待たせるときは、具体的に待たせる時間を伝えたほうがよい。先が見通せない不安というものは、とてもつらいものである。「午後４時になったら話を聴けるから、それまで待てますか」などとクライエントが先を見通せるように伝えると、案外待つことがで

きるものである。

SW がクライエントにかかわる時間がないときは、本人を取り巻くほかの関係者のところに話しに行くようにクライエントを促す。親との関係性によっては、親に聴いてもらうように促すこともある。その際は本人の了承を得て、関係者や親に、クライエントが不穏な状態なので注意してかかわってほしい旨を伝えておくようにする。

本人に合う気分転換の方法を見つけておく

何かを思い悩んでいるとき、無駄に時間があるといろいろと考えてしまって自分を追い詰めてしまい、余計に苦しくなることがある。そういうときはなかなかプラス思考に考えることができないものなので、負のスパイラルを絶つためには、気分転換をする必要がある。

気分転換とは、「悩んでいることを考えない時間を過ごす」ということである。「何かを考える余裕がないほど他のことに没頭する時間」と言い換えてもよいだろう。

たとえば、軽い内容の本や漫画を読んだり、テレビや動画を観たりする。集中して読んだり観たり没頭すると、何も考えないで済むし、自分が知らなかった世界との出会いから視野が広がるといった利点もある。

カラオケで歌いまくって発散するという手もある。スポーツなど体を動かすことに没頭するのもよい。

気分転換の方法は人それぞれなので、本人に合った方法を、本人の調子がよいときに話し合っていくつか見つけておくとよいだろう。

長期的に見守るという志向性

　思春期・青年期の若者の場合、その人の発達過程に寄り添って 5
年 10 年という長きにわたる援助が必要になるケースも多い。

　病気や不安定さを抱えて精神科を必要とした若者は、いったん落ち
着いて安定した生活が続いていても、卒業、進学、就職など、折々の
節目で再び不安定になるケースが多い。面接の頻度やかかわりの濃淡
はその時々で変わりつつも、長い目でみて、援助を再開させることが
必要となるときもある。長いスパンでかかわっていく覚悟が必要であ
る。

成長にあわせてかかわり方を変える

　10 代から 20 代は人生が次から次へと展開していく時期である。心
のケアが必要な人は、それが途中で止まってしまっていることも多く、
SW は本人に寄り添い、その展開を促していく必要がある。

　筆者には、精神科病院に入職した当初から 10 数年にわたってかか
わっていたクライエントもいた。10 代で出会った人に対しては、そ
の人の成長にあわせて紹介する制度や SW のかかわり方、役割も変
わっていく。中学・高校時代は学校にどうやって復学するか、どうやっ
て通学を続けるか、勉強はどうするか、友達関係をどうするかといっ
た支援が中心になる。通学できないときは他の居場所を探してつなげ
ることも必要である。卒業後は、進学するのか、働くのかなど、本人
の生き方によって支援のありようも変わっていく。もっと大人になる
と、結婚、出産といった人生の転機にかかわることもあり得る。

精神的なサポートをすることに変わりはないが、本人が成長するに
つれ、対応能力がついてきたり自立心が旺盛になってきたり、あるい
はできるはずなのに依存性が高まってくることなどもあり、親身に話
を聴くというより背中を押すことのほうが多い場合もある。成長にあ
わせて、その時々の本人の力をアセスメントしながらかかわり方を変
える必要があるのである。

一緒に苦しみながら見守り続ける

未成年のうちは何をするにも親の影響下にあり、クライエントの今
後を考えていくうえで親の協力は不可欠である。しかし、本人から親
への暴力が激しかったり、反対に本人が親から虐待を受けていたりす
るなど、親と距離を取ったほうが本人の精神的な安定のためにはよい
と思われるケースもある。

本来であれば、すぐに本人を親から分離させたいところだが、未成
年のうちは基本的に親の了承が必要であるなどさまざまな事情から分
離ができないケースもある。そのようなときは、クライエントが成人
してさまざまな手続きなどを親がいなくてもできるようになるまで、
SWは本人に寄り添いながら、苦しみに共感しながら、じっと見守り
続けることになる。それは、ときとして精神科への入退院をくり返し
ながらの長い年月であったりもする。

筆者がかかわってきた例として、ある14歳の男性は、激しい家庭
内暴力で強制入院をくり返し、児童相談所が介入しても引き受ける施
設がなく、一方の母親も自分の都合で本人をかわいがったり突き放し
たりするアンビバレンスな状態で本人を手放さなかった。精神科病院
に入退院をくり返す本人と粘り強く面接を続け、18歳になるのを待っ
て精神障害者のグループホームに入所してもらった。20歳で障害年

金を申請し、やがてアパートで単身生活となり、以前よりはるかに安定した生活を送っている。筆者がかかわり始めてからここに至るまで10年が経っている。

「社会的養護」の役割を担う

　身寄りがないなどなんらかの事情があり児童養護施設などで育った人は、多くの場合、18歳になると施設や児童相談所の援助が受けられなくなる。児童福祉法の改正で22歳まで延長が可能となり、さらに年齢制限が撤廃される予定だが、現実的には18歳が大きな節目になっている。施設の卒後支援を継続して受けている若者や、生活保護を受給して担当ケースワーカーの支援を受けている若者もいるが、援助者が誰もおらず天涯孤独の身となって精神科を訪れる人もいる。

　また、精神科につながりSWがかかわり始めたときは18歳未満で児童相談所がかかわっていても、18歳になると基本的に児童相談所は手を引くことが多いため、児童相談所から入院相談などを受ける際は、18歳を過ぎても責任を持ってアフター支援をしてくれるように約束しておくことを強くお勧めする。

　筆者が経験した17歳男性のケースでは、両親から虐待を受けて児童相談所が介入し、小学生時代から児童福祉法下の施設に入所していたが、激しい自傷行為があり、面倒をみきれないと施設を転々とさせられていた。施設から精神科病院に通院するようになったが、入院を機に施設の入所の措置を切られ、その後入院中に18歳を迎えたため児童相談所は手を引いた。アフター支援をしてくれるように筆者は強く要望したが動いてくれなかったため、退院先探しなど生活上の支援をすべて担わざるを得なくなった。

　自傷他害が激しいケースは特に、児童福祉法下の施設は面倒がみき

れないと手を引くことが多く、精神科の医療従事者や障害者総合支援法下の事業所がかかわるようになっていくのが実情である。

　このように、家族や頼りになる親戚がおらず、援助者もいない若者に対しては、精神科領域のSWがその人の長期間にわたる精神的な支え役を担わざるを得ない場合もある。そのようなことは大変でとてもできないと思う人もいるかもしれない。しかし、心のケアが必要な若者とかかわる以上、社会的養護の視点からも長期的にかかわる姿勢を大切にしてほしい。

②-6

援助関係における
さまざまな終結の形

クライエントとのかかわりに「はじまり」がある以上、「終結」はなんらかの形で必ずある。ソーシャルワークの終結にはさまざまなパターンがある。多くは、クライエントの具合がよくなっていくことに伴う"自然な"終結である。一方、異動や退職など SW 側の事情で担当を替わることによる終結や、クライエントとの関係性がうまくいかなくて担当が替わるという終結もある。

いったん終結しても、再び具合が悪くなって面接を再開させることもある。また、長いかかわりのなかで SW に依存的になり、自立することが難しくなってしまう若者もいるため、あえて「巣立ち」を促していくことも必要である。

前項で、「長期的な見守り」の重要性を述べたように、長期にかかわっているからこそ終結を意識することも必要である。ここでは、終結のさまざまな形と SW の留意点を記していく。

再開を念頭に置いて終結する

治療や援助が進み、クライエントが回復していくと、SW のかかわり方も変わってくる。面接の頻度が減り、定期面接は終了して必要時のみの面接となったり、時々本人から電話相談が入るのみになったりして、自然にかかわりが終結していくパターンが多い。

しかし、前項で述べたように、思春期・青年期は入学、卒業、就職など大きなライフイベントが次々と起こるため、いったん元気になっ

て社会に戻っていっても、何かをきっかけに再び不安定になることもある。そして、援助関係が自然に終結していた人から、数年後に電話がかかってくるなどして、面接を再開する場合もある。

　そのため、SWとの面接が自然に終了しそうになっているときには、具合が悪くなったらいつでも面接を再開させる用意があることを本人に伝えておく。本人は、「どうしようもなくなったら、またSWに相談をすればいいのだ」と思え、そのことで意外とがんばることができる。本人にとって、SWの存在が「いないけど、いる」と思えるようになれば、かなり心強いだろう。

　今の自分が大丈夫なのかどうかを確認するための電話が本人からSWに時々入ったとしても、長い目で見ると終結に向かっていくことが多い。多くの若者がこのパターンである。

意図的に「巣立ち」を促す

　本人に回復のきざしが見えたら、終結を意識してかかわっていくのは、どの年代のクライエントでも同じである。しかし、思春期・青年期の若者の場合は特に、SWが終結を意識していく必要がある。いつまでも精神科を頼るのではなく、本人が元々所属していた世界に戻っていけるように、あるいは新しい展望を見出せるように、「巣立ち」を促していくのである。SWがクライエントのことを抱え込んでしまってはいけない。

　先述したように、クライエントがSWに依存的になったり、陽性転移したりすることはよくあることで、若者の場合は特に、SWに母親・父親像を重ねたり、友人や恋人像を重ねたりしながら、「信頼できる重要な他者」としてSWを認識していくので、関係性を構築する過程では当然ともいえる。それでも多くの若者は、さらに成長して

いく過程で現実の友人や恋人などの「新たな重要な他者」ができ、SWへの依存は自然に薄れていくものである。しかしSWに過度に依存してしまったり、さまざまなサポート体制が整っている病院や施設が居心地がいいと感じてしまったりすると、本人が本来持っている力を奪ってしまうおそれがあり、自立も難しくなってしまう。

　そのような人の場合は、あえて「巣立ち」を促すなどSWの側から若者の背中をそっと押していく働きかけも必要となる。

　ときにはかなり厳しく突き付けていかないと、なかなか巣立つことができない人もいる。SWの下は、いわば安全地帯であるわけだから、そこから巣立っていくことは本人にとって不安や恐怖が伴って当然であろう。そのため、終結を意識して面接の回数を減らしたり、電話の回数を緊急時以外は制限したりしながら、少しずつ自然にSWのかかわりの頻度を少なくしていくなど工夫するのである。

引き継ぐ際は不安や怒りを丁寧に受けとめる

　異動や退職などSW側の理由で援助を終結させる際には、慎重にクライエントに伝え、新しい担当SWへの引き継ぎも丁寧に行う。そして、担当SWが替わることについての本人の怒りや不安なども受けとめるようにする。そのため、ある程度の時間の余裕を持ってクライエントに伝えたほうがよく、クライエントの主治医をはじめ他の専門職ら関係者にも、担当SWが変更になること、そのことを本人に伝えるので本人が動揺する可能性があることを連絡し、その際のフォローを依頼したほうがよい。

　長くかかわって関係性が深くなっていたクライエントほど、終結に至る過程には慎重さと丁寧さが求められる。本人にしてみれば、やっと心を開いて打ち解けたSWが担当をはずれるということは、大き

な喪失体験となるおそれがある。不安で混乱するであろうし、SWに怒りの感情を向けることもあるだろう。具合が悪くなる人もいる。

　筆者の例で、本人だけでなく母親とも面接していたケースは、母親にも丁寧に説明し理解を求めたが、長いつきあいだったため本人も母親も泣いてしまうこともあった。そうした気持ちの揺れはしっかりと受けとめるべきであり、SWが退職する際など、謝ることが必要な場面もあるだろう。

　そのうえで、新しい担当者にはきちんと引き継ぎ、クライエントにも紹介する。そして、担当変更後は、SWは本人とは一線を引くべきである。新しい担当SWとの関係づくりの邪魔をしてはいけない。

状態にあわせ担当変更も検討する

　思春期・青年期の若者がSWに依存的になったり、陽性転移するのはよくあることであり、先述したように、SWとの関係性構築の過程では当然ともいえる。

　しかし、特にクライエントが異性の場合、SWへの陽性転移や依存が激しくなって治療的にも好ましくない状況になってしまうこともある。同性のSWに替わるなど、担当変更を検討したほうがよいケースもある。

　筆者が担当したある20代後半の男性は、ほかのクライエントと話していると露骨に嫉妬し独占しようとするなど筆者に陽性転移をしていたので、適切な距離を模索しながらかかわっていたが、状態悪化して入院した際、毎日のように面接を求め、依存と甘えが激しくなり、「○○さん（筆者）でないとだめなんだ」と泣き出すこともあった。退行現象も出てきたと思われたため、かかわり方に悩んでケース検討会に提出すると、「本人は元々力のある人。退行させたり依存性を引き出

す必要はない。そうさせないように、同性の援助者のほうがよい」との意見が大勢で、男性SWに担当を交替することになった。

　依存とは反対に、なんらかのきっかけでクライエントがSWに激しい攻撃性を見せるなどした場合も、担当変更をして仕切り直しをしたほうがよいことがある。クライエントが過去に嫌な思いをさせられた人物にSWが似ていて重ねて見てしまうなど理由はいろいろとあるだろうし、はっきりした理由もなく単に相性の問題のこともある。

　人とかかわる仕事である以上、いかに努力しても万人とうまくやれるということはなく、どうしても相性が悪い相手はいる。技術だけでは乗り越えられないこともあるのである。

CHAPTER 3

― 第3章 ―

家族問題への介入の仕方

若者支援における
「家族」のとらえ方

　心のケアを必要とする思春期・青年期の若者とかかわるということは、同時に「親ともかかわる」ということである。家族がいる若者のほぼすべてがなんらかの家族問題を抱えており、その多くは親との関係である。家族がいない若者なら、また別の苦しみがある。

　若者は家族と暮らしている場合が多く、本人の環境を大きく左右している。家族は1つのシステムであり、家族の構成員それぞれが影響し合い絶妙なバランスを保っている。そして、家族内のもめごと、問題とされることは、家族のなかで一番弱い立場の人が、何らかの「症状」として出すことが多いとされる。家族のありよう、家族の構成員のそれぞれの力関係、そのなかで本人がどのような位置づけにあるのかということは、本人の現在の状況に大いに関係している。つまり、心のケアが必要だということは、本人が現在の状況に何らかの不具合を感じているということであり、それが家族関係である可能性がある。「家族が悪い」ということではなく、「家族関係が変わることで、本人がその状況のなかで癒されていき、成長・発達し、しだいに回復していく」可能性が高いということである。

　家族支援はすべての分野のソーシャルワークにおいて大切であるが、特に若者の場合は、家族問題を多角的に見ていく必要がある。たとえば、家族の本人へのかかわり方が変わるだけで本人が落ち着く場合もある。また、親から子への虐待、あるいは母子密着などで親から本人を分離したほうがよいケースもある。一方、本人の家庭内暴力などで家族が疲弊し切っている場合もある。

　筆者は、「家族関係は世界で一番難しい人間関係」だと常々思って

いる。特に親子関係は、親と子それぞれがお互いに「家族なんだから〇〇してくれて当然」と期待してしまい、なかなかあきらめることができない。そしてそれがかなわない場合に怒ったり絶望したりする。

　若者が抱える家族問題は非常に複雑であり、だからこそ SW の介入も難しく力量が必要となる。暴力や虐待などで親から分離したほうがよいケースは児童相談所に通告することになるが、ここでは同居している家族へのかかわり方について記していく。まずは、若者支援にとっての「家族」をどうとらえるかについて述べる。

家族を大切な協力者とみる

　家族は多くの場合、クライエントを支援していくうえでの大切な協力者である。SW は若者とかかわるとき、常にその人の家族関係を意識しておく必要がある。

　筆者は若者のほとんどのケースで、一度は家族の中のキーパーソンと会って話を聴く機会を設けるようにしている。すぐに会える家族もいれば、促してもなかなか会えない家族もいる。とにかく家族に一度会う努力をし、本人をめぐる家族状況を家族側からの視点で確認し、今後も家族との継続的な面接が必要かどうかを判断する。

　クライエントを取り巻く環境は、家族以外にも学校や近隣、アルバイト先などさまざまあるが、基本となり一番濃い人間関係があるのは家族関係である。そのため、若者を支援していくときには家族の協力が不可欠で、SW も家族のことを大切な協力者として、家族に一緒に本人のことを考えていってもらおうとする姿勢が必要である。

　一般的に、本人は親のことが大好きであることが多い。それをストレートに表し過ぎて親が戸惑ったりうんざりしているケースもあれば、本人が親に対して暴言・暴力や金品要求などの「問題行動」とい

う屈折した表現しかできないケースもある。本人は親からの愛情に飢えていて、なんとか愛情をもぎ取ろう、自分に関心を向かせようと、手段を選ばないのである。

　SW は本人の話を聴いたり、具体的に解決方法を一緒に考えたりといったことをするが、本人と一緒にいる時間が圧倒的に長いのは家族である。家族の協力なくして、思春期・青年期の若者の問題は解決していかないと言っても過言ではないだろう。家族が本人にとってのよき協力者になってくれるように家族を支援していくのが SW の役割の1つである。

さまざまなタイプの親がいることを知る

　家族にはさまざまなタイプがある。親のありようもさまざまである。

　本人のことをとても心配していて、親から積極的に SW との面接を希望し、本人とのかかわり方のコツなどを聞いてくる熱心な親もいる。

　心配のあまりなのか元々なのか、過干渉な親は結構多い。過干渉の中身は、本人に口うるさく言うだけでなく、過度の甘やかしも入る。大人になろうとしている本人をもう少し自由に見守ってあげないと、本人は反発したり自分を抑えつけたりすることになってしまうと感じるのであるが、親自身はなかなか気づかないので親との面接が必要になってくる。

　本人から親に暴言・暴力などがある場合も多い。こうしたケースは、親が本人とのかかわりにうんざりしていたり、どう接してよいのかわからず腫れものに触れるようだったり、怒らせないように本人の言いなりになっていたりなど、本人にとって治療的にはよくないかかわりになってしまいがちであり、やはり面接が必要である。

症状への理解がほとんどなく、本人に不適切な対応しかできない親もいる。また、本人にまったく関心がなく、具合の悪い本人を放置、ネグレクト状態にしている親もいる。

　親は不調な本人に対して怒りの感情を抱いていることすらあり、この場合は本人がものすごくつらい状況に陥っている。SWは親の理解を求めるべく働きかけるべきだが、こうした親は面接に来てくれないことが多く、協力を得るのは非常に難しい。協力してくれない理由は後述するがさまざまある。親自身がSWに何か言われることが耐えられない、プライドが許さないという場合もあれば、本人の状態を認めたくないからという場合もある。SWから働きかけて無理であれば、医師から病状説明をしてもらう方法もあり、そのほうがまだ親は聴く耳を持ってくれることが多い。

　一方、親の本人への執着が激しく、本人と共依存関係に陥っている場合もある。母親に多く、子どもを母親自身のために手元に置いておこうとし、子どもが親離れしようとすると母親自身が不安定となり、子どもを離さない。こうしたことは無意識に行われていることがほとんどである。これは自分の寂しさを子どもに傍にいてもらうことで解決しようとする母親自身の問題だが、子どもにべったりの生活を送るうちに、子ども自身が「お母さんは自分を必要としている。自分がいないとだめなんだ」などと思うようになり、母親の傍にいるという「役割」を果たすことこそが母親への愛情だと誤解して、共依存の道を突き進んでしまうのである。この問題は根深く、母子並行面接が必要なケースである。

　ところで、親ではなく、同胞（兄弟姉妹）の存在が本人に大きな影響を与えているケースもある。本人が、優秀な同胞と自分を比較して卑屈になっていたり、親が自分よりも同胞をかわいがっていると思い込んで嫉妬に苦しんでいたりする。実際、親が本当に同胞のほうに目をかけている場合もある。あるいは、同胞が本人に対してなんらかの

攻撃性を示している場合もあるだろう。このように、本人をめぐる家族関係は複雑で、個々の家族が抱えている問題に SW は目を向けていかなければいけない。

訪問で家族関係を読み解く

　くり返しになるが、SW は若者とかかわる際に、常に家族の存在を念頭に置いておくべきである。かかわり初めの時期は、本人の家族に対する本音が聴かれるわけではなく、SW と本人との関係性が深まるにつれて、家族への本音が聴かれるようになってくる。そうしてある程度本人との関係性もでき、家族関係も多少は見えてきた頃に、筆者は本人に、自宅を訪問させてもらえるよう頼むようにしている。自宅にお邪魔すると、面接室内では見えてこなかった家族のありようなどさまざまなことが垣間見えるからである。

　玄関先の様子を見るだけでも、その家族が大切にしている物や事柄は何かなど、いろいろなことがわかるものである。リビングに入ると、たとえば飾ってある写真や置物などで、母親中心なのか父親中心なのかといった家族の力関係などが見えてくる。

　たとえば、過干渉な母親との関係に悩み自傷行為が絶えないある10代の女性のケースは、訪問すると、リビングの一番目立つところに、母親の両親（本人の祖父母）の大きな写真が飾ってあり、それは見守るというより監視しているかのようにも見えてしまい、母親も自身の親の支配下で育ち、同じことを娘にくり返しているのだなと読み取れ、筆者は母親との面接を導入する必要性を感じた。

　自宅に来られるのが嫌だという家族も当然いる。散らかっているから自宅を見られるのが恥ずかしいというような単純な理由だけではなく、自宅に SW という得体のしれない人物が侵入してくるように感

じて嫌な感情を抱くこともあるのだろう。訪問を拒否する家族が悪い
のではなく、外部からの介入を拒む、嫌がるといった家族のありよう
なのだとわかれば、それだけで意味があるのである。

子どもとのかかわり方に悩む親たち

　自分の子どもに心のケアが必要になったときに、平静でいられる親はいないと思っていいだろう。みんな驚いたり認めなかったり、誰かのせいにして怒ってみたりと、動揺するものである。

　なかには、一見無関心のように見える親もいるが、実際は、子どものことを心配していない親などほとんどいない。心配していることがうまく表現できない親はよく見かけるし、本人への対応に疲れて無関心のように見える親もいるかもしれない。しかし本当は、親たちはみんな悩んでいる。自分を責めていたり、誰にも悩みを話せないで1人で苦しんだりしている親も多いことを SW は理解しておくべきである。だからこそ、SW は家族支援をするのである。

家族が抱える苦しみを受けとめる

アキラさんの場合

　アキラさんの母親は、暴力をふるわれたこともあってアキラさんに対するおびえがあり、かかわり方に相当悩んでいた。一方で、母親がアキラさんに話しかける様子を見ると、相変わらず厳しい口調でアキラさんを非難する発言も多く、弱気と強気が入り交じる一貫性のないアンビバレンスな対応で、そのことがアキラさんのイライラに拍車をかけていた。アキラさんの精神的安定のためには、母親にも変化してもらう必要があると SW は見立て、「いろいろお悩みでしょう。お話うかがいますよ」と声をかけると、母親も「誰かに相談したかった」と定期面接を希望した。面接の当初、母親は父親がまったく頼りにならないことへの不満や、1人でアキラさんのこ

とを悩んでいて孤独だった胸のうちなどを吐露した。面接を重ねるうち、長女（アキラさんの姉）はまったく手のかからない子だったため、男児であるアキラさんがかわいくて仕方なく、子どもの頃から過干渉になっていたことなど、母親自身が自己洞察するようなことも話すようになった。

アキラさんのケースのように、家族面接の対象の多くは母親である。母子関係が複雑すぎて母親が面接できる状況でない、母親自身が問題に向き合えないといった場合などには父親が登場することもある。父母どちらであっても多くの場合、親は困り果て、疲れ果てていて、本人とどう接したらよいかもわからなくなっている。「育て方が悪かったのではないか」と自分を責めている人もいる。

そのため親と面接する際は、最初は受容的に、これまでの困難やつらさを共有できるように傾聴することを心がける。そうすることで、アキラさんの母親のように少しずつ自分のかかわり方を振り返る余裕が出てくるようになる。

家族面接の場合も、最初に必要なのは関係性の構築である。筆者は、家族との初回面接では、家族ができるだけ感情を表出できるように、たとえば本人に対する心配や怒りを言えたり涙ぐんだりといったことができるようにと心がけて話を聴いている。緊張や防衛が強い家族に対しては話すことを無理強いせず、今後いつでも話を聴く用意がこちらにはあるということをやさしく丁寧に伝えておくとよい。

アキラさんの場合は、本人の面接とほぼ同時期に家族面接も開始しているが、SW が本人と面接するなかで、親の問題が顕著に出てきてから介入することのほうが実際には多いだろう。

心のケアが必要な若者の多くは、親、特に母親に甘えたがっていたり、強い依存心と執着心を抱いたりしている。ほとんどの子どもが抱く感情であり、成長するにしたがって関心が友人や異性など外に向いたり自立心が高まっていったりするなかで自然と薄れていく感情であるが、心のケアが必要な若者の場合、これまでの成長の過程で満たされない思いを抱いている人が多い。

本人だけの問題ではなく、母親の本人へのかかわり方やほかの家族との距離感など、家族関係が本人の今の状態に深く関係しているとアセスメントできた場合、SW は家族問題への介入を検討する。

母親などに面接を持ちかけるのだが、その際は本人の了承を得るほうがよい。クライエントのなかには、SW が親と話すことを嫌がる人もいるからである。「自分がいないところで何か自分に不都合なことが話し合われるのではないか」などと警戒する気持ちを抱くのであろう。SW がしっかりと本人と信頼関係を築けているかということが、家族面接に持ち込めるかどうかにもかかわってくる。

一方、SW が親面接をすることを強く希望するクライエントもいる。「親に自分の苦しい状況を理解してもらいたいから」「親に自分へのかかわり方を変えてもらいたいから」といった理由からであることが多い。

3-3 CHAPTER 3

子どもよりも親との
関係性構築を優先するケース

　家族面接の始まり方はさまざまである。本人がなかなか精神科医療につながらなくて、親のみが先に相談に来ているケースもある。

　また、本人が精神科につながっていても、話すことが苦手だったり意思の疎通が難しいなど本人の病状や障害の特徴から、SW が本人となかなか関係性を築けないケースもある。そのような際、SW はまずは家族と先に関係性を構築することもある。

疲弊している親の再生を支援する

　重度の知的障害や発達障害など障害の特性から本人とコミュニケーションがとりにくい場合、SW は親との面接を早期から行い、親との関係性構築を優先させることを検討したほうがよい。ただしこれは、本人のことを受けとめている援助者が別にいる、たとえば精神科医などにつながっていることが前提であり、本人がほかの援助者につながっていない場合は、SW が本人との関係性構築も同時に目指す必要がある。

　SW が本人とコミュニケーションをとりづらかったり関係性を築きにくかったりするケースは、そのことから本人のこれまでの人生において他者とのかかわりが薄かったことが想像される。これは、本人のことを家族だけで抱えこんできたことを示唆し、親が本人のことで悩んでいたり疲れ切っていたりする可能性が高い。この状態を放置すると、親の本人へのかかわり方が不適切になっていくこともあり得る。

そのため、本人のためにも家族面接を早期に開始し、親が自分の感情を吐露する機会を設け、親が少しでも元気を取り戻して再生していけるように支援するのである。本人とのかかわり方などの助言は、親が元気になってきてから話していけばよい。

親が協力者となり得るように面接する

　病状や障害にかかわらず、本人がひきこもっていたり、医療中断していたりで、SWがなかなか本人に会えないケースもある。そのような場合も、まず親との面接を優先させる。

　親のこれまでの苦労などを傾聴し、ねぎらい、本人の自宅での様子や親が困っていることなども丁寧に聴き、本人へのかかわり方について助言するなど親をサポートしていく。そうすることで、親自身の不安定さが和らぎ、親の本人へのかかわり方が適切に変わっていき、治療していくうえでの協力者になっていくのである。

　自分に対する親の対応の変化などを、本人は必ず感じ取るものである。そして、親の変化を感じた本人が、自分も受診してみようかという気になったり、SWと話してみようかと思うようになることがある。

　たとえば、重度の発達障害がある20代の息子と暮らす母親は、息子の粗暴な行為をおそれて言いなりになっており家は荒れていた。筆者が母親と面接を始め思いを受けとめると、息子とのかかわり方などを逐一助言を求めて電話してくるなど一時的に依存的になったが、人生にあきらめきったような表情だった母親に少しずつ笑顔が見られるように変化した。筆者は、母親と信頼関係をまず築き、それを土台に訪問するなどしてクライエントである息子とのかかわりも少しずつ深めていった。

3-4 CHAPTER 3

家族との面接の担い手

　家族面接を誰が担うかについては、いくつかのパターンがある。SW のアセスメントで家族面接を導入したほうがよいと判断したケースは、まずは SW が家族に会い、しばらく面接するなかで担い手を検討する。家族自らが面接を希望するなどして本人の主治医が家族面接も担うケース、主治医が心理職や SW などにつなげるケースもある。

　SW が家族面接をスタートさせた場合、そのまま本人担当の SW が親との定期面接も行うことが多い。本人と家族と両方の面接を同じ SW がする場合、親に本人の状態を伝えられたり、かかわり方の助言ができたりする利点がある。

　しかし、家族面接は、あくまで「本人のため」に家族との面接を行うものであり、本人よりも家族に肩入れしそうになるなど立ち位置がぶれるようであれば、担当者は分けるべきである。

　また、本人とは関係のない家族自身の問題を取り扱うようになり、その家族自身が新たなクライエントになっていった場合も、担当者は分けるべきである。これらのように別の援助者が面接したほうがよいと判断した場合は、他の SW や心理職などにつなげる。

本人と親の担当者を分ける

アキラさんの場合

　アキラさんの母親は、何度か SW と面接をするうちに、アキラさんに関することではなく、母親自身が子どもの頃に抱えていた悩みや夫（アキラさんの父親）との関係性など、自分自身の問題を中心

に話すようになった。そのため母親と話し合い、SW との定期面接は止め、主治医とも相談し、母親を公認心理師との面接につなげた。以後、SW と母親との面接は母親が希望したときに不定期で、面接内容はアキラさんとのかかわりについてのみとすることとなった。

　アキラさんの母親の場合、面接で母親自身の問題が噴出し、「母親」としての役割での面接は成立しなくなってしまった。SW が家族面接をするのは、あくまでも「本人のため」である。家族の苦しさなどを面接で受けとめるのも、そうすることで家族が元気を取り戻し、本人へのかかわり方が適切に変わっていくように促していくためである。

　このように、家族自身の問題が出てきたら、それを取り扱っていく意味は大きい。しかし、その際は、「アキラさんの母親」としてではなく、「○○さん」という別の新たなクライエントとしてとらえなければならない。母親には母親の味方が必要であるが、「アキラさんのため」に母親に厳しいことを言わなくてはいけない場面も出てくるかもしれないし、「アキラさんの母親」として面接している限り、ずっと母親に寄り添うことは難しいため、面接する援助者を本人とは分けたほうがよいのである。

「本人が中心」の軸をぶれさせずに聴く

　本人と親の面接を同じ SW がすることも多い。そのときに気をつけなければならないことは、親にも受容的に接するが、それはあくまでも「本人のため」であり、本人を中心に考えるという軸がぶれない

ようにすることである。これは当たり前のようで、結構難しい。

　臨床現場にいると時々、それは本人のためではなく親の意向に沿った支援計画ではないのかと思ってしまう場面に出合うことがある。親の苦労話を聴いていると、つい流されそうになることもあるのだろうが、それは「本人のため」の支援ではなく、間違っている。本人もかなり敏感にそのあたりを感じ取るので、親の立場に寄り添って面接を続けなければならないケースは、担当者を分けるべきである。

本人との面接内容は話さない

　親との面接では、本人の今の状態や、かかわり方で親に気をつけてほしいことなどをSWから伝えていく。信頼関係が壊れてしまうので、SWとの面接で本人が話した内容は何でも親に話してよいわけではない。親に話したほうがよい内容だとSWが判断したら、本人の了承を得るのが原則であり、本人が嫌がったら、「これは大切な問題だから、親にも知っておいてもらいましょう」と本人と話し合う。

　なかには、本人がSWに何を話しているのかをものすごく気にする親もいて、SWに本人との面接内容を聞いてくることもあるだろう。その際は、「重要なことは本人の了承を得て必ずご家族にも伝えますから」などと理由を説明して、きちんと断らなければならない。

　ただし、例外はある。本人が「死にたい」と訴えるなど深刻な状況のときは、たとえ本人の了承が得られなくても「あなたのことが心配だからご家族に話します」と本人に断ったうえで親に伝えることになる。

3-5

親としての役割の提示

　暴力行為などにおびえて本人の言いなりになってしまっていたり、世間体を気にして警察を呼べなかったりする親は多い。また、若者の場合、経済的にも自立しておらず親と同居している人が多いため、治療につなげるかどうかをはじめとして、何をするにも親の協力は欠かせない。

　これらのことは、言い換えると、「親が決断を迫られる」ということでもある。本人のために、ときには「本人にとってひどいこと、かわいそうなこと」と思われるような110番通報や強制入院などを決断し、覚悟を決めて本人と向き合うことは、親の大切な役割の1つである。こうしたことをSWは親に説明し、理解してもらうように努め、支援していく必要がある。

本人に毅然とした態度を示せるように支える

アキラさんの場合

　アキラさんは家で暴れるだけでなく、母親にお金を要求したり、高いゲームなどを買うよう要求することも頻繁にあった。母親は一度殴られてからはおびえて、アキラさんに言われるままに金品を渡すようになったが、要求はエスカレートする一方だった。SWは母親に、アキラさんが本当に欲しい

第3章　家族問題への介入の仕方

物は金品ではなく母親からの愛情であること、アキラさんの要求を
のむことは決して本人のためにならないこと、本当はアキラさんも
「自分を止めてほしい」と思っているはずだということを伝えた。
そのうえで、暴力が出そうになったら母親が家から逃げるなど母親
自身の安全を確保したうえで病院や警察に電話するといった毅然と
した対応をとること、その対応が愛情からきていることを母親自身
が自覚するようにということをくり返し伝えた。

　家庭内暴力や金品の要求について、アキラさんの母親のように、本
人からのさらなる暴力などの報復をおそれ、本人の言いなりになって
しまう親は多い。要求に従ったほうが楽であるが、その場しのぎに過
ぎず、長い目で見ると何の解決にもならない。暴力や金品要求の背景
には、第2章で述べたとおり、精神症状である幻覚妄想状態からくる
ものでない限り、必ず理由がある。本人は無自覚なこともあるのだが、
本人が本当に欲しているのは親の愛情であり、そのため金品を与えて
も根本的な解決にはならない。そのことをSWがくり返し伝えても、
親はすでに本人への拒絶感のほうが強くなっていることもある。また、
頭ではSWの説明を理解しても、暴力へのおびえから要求を断るこ
とを実行するのは難しいものである。

　金品要求を断ったことで暴力が出そうになったら、本人から逃げて
病院や警察に電話するなど親が毅然とした態度をとることは、親が本
人に向き合うということである。本人に向き合って断るということは、
本人への愛情があるからこその行為であり、とても意味があるのだが、
おびえている親にとってはとても難しい。また、110番通報をして騒
ぎになることで近隣に知られることをおびえる気持もあるだろう。

　さまざまな事情で親は弱気になっているので、SWは面接を重ね、
親を勇気づけ、サポートし続けていく必要がある。

　こうしたことは、SWが親に伝えるだけでなく、家族の会などで同

じ立場の親から聴くとスッと入っていくことが多い。家族会や家族のための講演会は病院や保健所、保健センターなどで開催している。SW は必要に応じてこうした情報を家族に紹介していく。

本人に現実を突き付けられるようサポートする

　親には、進学や就職、一人暮らしなど、経済面も含めてその家庭の事情による現実的な決断を本人に突き付けなければならない局面がある。親が突き付けることで、本人がやっと現実に向き合えることもあり、親としての重要な役割である。そして、親がそうできるようにサポートしていくのが SW の役割である。

　たとえば、母親と共依存関係になっていた 20 代のある男性は、何度も医療中断をくり返していたが、母親が本人と向き合って「今のままではだめ。通院しなさい」と言えるようになって、本人もようやく通院や SW との面接、病院のデイケアに通うようになり、状況は進展した。このケースは、受診だけではなく、休学のままにしていた高校をどうするかという問題も抱えていた。復学の目途がまったくないのに「どこかに所属していないと不安だから」と本人は在籍し続けることを希望していたが、学費が家計を圧迫すると同時に、本人は「復学する」と言い続けて病院のデイケアに通ってリハビリすることから逃げていた。そこで SW は、親が本人に治療を受けさせる決意をしないと本人はこれ以上成長できないと、母親に伝え続けた。そして、迷い揺れる母親を SW がサポートし続け、母親が本人に向き合ったからこそ、本人は高校をいったん辞め、治療とリハビリに専念する道筋をつけられたのである。

本人と向き合う必要性を説く

　家で暴れる若者の多くは、「暴れると自分の言い分が通る」と"学習"してしまっている。親は本人の暴力が怖かったり、なだめることや話し合うことが面倒だったりで、つい本人の言い分を聞いてしまう。本人にとっては、いわゆる「疾病利得」である。

　この状態が続いている限り、本人の変化は望めない。親は面倒でも大変でも、本人に向き合っていくしかない。そうできるように SW はサポートするのである。

　たとえば、自分の思い通りにいかないと大騒ぎをしていた20代の男性のケース。世間体を気にして両親は本人を幼い頃から甘やかし、本人の言いなりになっていた。SW は母親と定期面接を重ね、今のままでは疾病利得で本人はよくならない、騒がれても面倒でも本人と向き合うしかないと言い続けた。母親は当初は逃げ腰だったが、少しずつ本人と向き合うようになり、数年がかりで変わっていった。本人は、母親の対応が変わって自分が大声を出しても言い分が通らないことに気づくと、最初は抵抗したが、しだいに大騒ぎが減っていき、母親ときちんと対話するようになり落ち着いていった。

　本人からの報復をおそれ、親が本人に対して言うことを「病院の方針ということにしてほしい」と頼んできたり、SW から本人に話すように親が依頼してきたりすることもある。こうしたときは、「親が直接本人に言えるようになることに意味がある」こと、それが「向き合う」ということだとはっきりと伝え、親を支えていく。

　また、親が SW に依存的になる場合もある。かかわり方などを逐一聞いてくるのは当初はやむを得ないが、面接を重ねるうちに親自身で考えられるように促していければよい。

本人にやさしく接する時機を伝える

　これまで紹介してきた内容とは異なり、本人が親に対して萎縮してしまうほど、親が厳しかったり怒り方が激しかったりするケースがある。そのような親に対しては、SWはもう少し本人に受容的に接するように助言していく。

　親子関係は感情的になりやすいため、親に言われると本人も抵抗感が強く悪循環になっていることが多い。そのため、厳しいことはSWらスタッフが本人に言う構造にして、親にはできるだけ受容的に本人に接してもらうようにする場合もある。

　特に、本人がとてもがんばっているときなどは大いにほめてあげてほしいことなどを伝えていきたい。状況に応じて親が本人にやさしく接したほうがよい時機があること、本人への対応を親とSWで役割分担することが有効であることを親に伝えていくのである。

親の協力が得られないとき

　若者は、親と住んでいる場合が圧倒的に多く、入院しても基本的には親元に帰っていく。そのため、親のありようが変わらないと本人のつらさも軽減しない。親の協力は不可欠であり、SWの家族面接の必要性もそこにある。

　しかし、親の協力が得られないときもある。SWはくり返し親に協力を求めていくが、親自身も精神的な問題を抱えているのではと思われるケースもある。どうしても協力が得られないときは、親の代わりにSWが本人と一緒に動いていくしかない。

治療方針を守るよう言い続ける

　本人の状態を受容できず、服薬や入院を拒んだり、主治医の治療方針をまったく聞き入れなかったりする親もいる。

　治療方針に反する親の言動が子を思う気持ちから出ているのであれば、親に時間と誠意をかけて説明し、親からの苦情も傾聴し、こちらが改善できる点は検討するべきだろう。しかし、何度説明しても、病気の受容や治療・援助方針、枠組みを了承してもらえない親もいる。

　また、親の思いつきで本人に会いに行ったり、金品を買い与えたりされると、治療の枠組みが台無しになってしまう。こうしたことは、親と同居していない場合でも起こり得る。

　たとえば、共依存関係の母親に暴力が出てしまうので母子分離を図り20歳で一人暮らしをはじめたある男性。母親が勝手に会いに行ったり金品を与えるなどして本人の自立を阻んだり、その挙句に本人に

殴られて、入院させてくれと言ってきたりと、治療方針を守れなかった。本人が母親に振り回され、それに反撃する暴力という構造だったので、SWは母親にくり返し説明し本人と距離を取るよう協力を求めたが、変わらなかった。

　結局は本人にとってつらい状況が続くことになるので、SWは親に協力を依頼し続けるしかない。

本人の状態と治療の意味をくり返し説明する

　本人の意向ではなく、親の意向で治療中断させたり、通院先を変えてしまう親もいる。精神科の治療は時間がかかり、先の見通しがわかりにくい。目に見えてどんどんよくなるという人は少ない。親としては、わが子のことを思うと、なかなかよくならないのは病院のせいだ、治療方針が間違っているのだと思っても仕方がない面もあるだろう。

　このように医療機関に不信感を抱く親の気持ちを考慮し、主治医やSWは本人の病状や治療の意味をくり返し親に説明していく。特にSWは、親の不安な気持ちも受けとめるように努力する。それでも、親にこちらの意向が伝わらないときはある。

　幻覚妄想があり病状が不安定な20代のある男性は、母親が体の病気があるため面倒を見られないと言い、一人暮らしをすることになった。医療中断しがちで、訪問看護とSWの訪問で支えていたが、服薬も中断しアルコールを飲んでは暴れたりし、精神科病院に入退院をくり返していた。本人は本当は母親と一緒に住みたくて、頻繁に実家に帰ってしまい、SWは母親から対応などについてよく相談を受けていた。当初、母親は協力的だったが、本人がなかなかよくならないため、しだいにSWを非難するようになり、母親の意思で転院させてしまった。入退院をくり返しながら服薬の必要性を本人に徐々にわ

かってもらうなど息の長い支援が必要な人で、そのことを主治医から
も SW からも何度も母親に説明していた。母親は当初、本人のこと
を病院に任せっきりで、その後ろめたさからか病院の治療方針に合意
してくれていたが、ある日突然、他院への紹介状を要求してきた。主
治医と SW で母親と話し合ったがらちが明かず、こちらにできたこ
とは、医師の紹介状に加えて、SW からも詳細な情報を提供して、新
しい通院先に手厚いサポートを依頼することだけであった。

親の代わりに SW が動く

　面倒なのか子どもに無関心なのか、こちらが何度連絡しても動いて
くれない親もいる。親の扶養に入っている 10 代の人は、たとえば医
療費減免の手続きや非課税証明書を取るなど、何の手続きをするにも
親の協力が必要となる。そのため、親が協力してくれないと、本人は
非常に困った境遇におかれることになる。

　また、施設に入居している人でも、たとえば学校を退学するなど大
きな決断のときは、保証人となった親の意向も必要な場合が多く、親
が動いてくれないため次のステップに進んでいけないこともある。

　筆者は、この状態は本来なら親がやるべきことを放置しているネグ
レクトにあたると考えている。

　親がどうしても協力してくれない場合は、SW が親の代わりに本人
と一緒に動き、さまざまな手続きなどを行う必要がある。

家族からの「嫉妬」や「抵抗」

　本人の状態がよくなってきているにもかかわらず、喜ぶどころか病院やSWに対して批判的になる親たちがいる。SWに対して嫉妬や抵抗などネガティブな感情を抱く親もいる。女性SWの場合は、同性である母親から嫉妬されることが多い。

　母親にしてみれば、自分がこれまで必死に育ててきたわが子が精神科に通うようになるだけでもショックであろう。加えて、そこで本人がSWにいろいろな相談をしたり心を開いていたりすると、面白くないと感じ抵抗したくなるのもやむを得ないのかもしれない。子どもをSWに取られるような気がして嫉妬してしまうのだろう。しかし、こうした親の感情は、本人が親とSWの間に挟まれて苦しくなるなど、悪影響となる場合が多いので、注意する必要がある。

本人が求めているのは親であることを伝える

アキラさんの場合

　アキラさんの母親とは、SWは母親が本人への対応に悩んだときに適時の面接をしていたが、ある日、「息子へのかかわり方が悪い」などと一方的にSWを非難し、上司に苦情の電話をいれるなど攻撃的になった。SWは母親が疲れているのだろうと思って傾聴し、「こちらの対応に不行き届きがあったのなら申し訳なかったです」と謝った。数週間後、母親から電話

があり、「あのときはいろいろとストレスがたまっていて……」と謝罪された。アキラさんが最近、自宅でSWのことを頻繁に話し、またSWと母親を比べるようなことも言うので面白くなかったとのことで、母親はSWに嫉妬したようであった。そのためSWは、母親に「アキラさんが本当に求めているのはお母さんなんですよ。SWは一時的に代わりをしているだけです」と説明した。

　アキラさんの母親は、入院当初は本人に対して拒否的でおびえも強かったが、アキラさんの子ども時代は過干渉なほどかわいがっていたようでもあり、母親である自分ではなくSWのことを頼るようになった状況を受け入れられず、SWに嫉妬する気持ちが出てきたと見受けられた。大切なことは、アキラさんが本当に求めているのはSWではなくて母親なのだということを、きちんと母親に伝えることである。

　このように、嫉妬や怒りなどを直接ぶつけてくる親に対しては、面接の場を設け、親のこれまでの苦労をねぎらい、本人が本当に必要としているのは親であること、SWに対しては理想像を重ねることもあるかもしれないが、それは一時的なものであることを丁寧に説明して理解を求めていく。

親とSWの間に本人が挟まれないようにする

　本人とSWが関係性を深めていくことに対し、抵抗を示す親もいる。本人の調子がよくなってきてもなお、子どもが精神科に通うことが本当は受け入れられていなかったり、SWに自分の子どもを取られるような気がして、本人がSWと面接するのを極端に嫌がったりする親たちである。

　親自身もとても苦しんでいるので仕方がないのだが、問題なのは、

本人が親とSWの間に挟まれて混乱したり悩んだりしてしまうことである。筆者の経験では、親に秘密でSWとの面接に来ていた人も複数いた。本人にとってはとてもつらいことである。

　SWは本人に対し、大人になっていく過程で親の支配下から自由になってもいいこと、世の中にはさまざまな価値観があることなどを伝え、SWと本人との信頼関係を深めていき、あまり悩まないようにフォローしていくしかない。

本人を守るために、SWが担当を降りる

　親からのSWへの嫉妬や攻撃が病的なほど強いケースもある。母親と本人が共依存関係になっている場合が多く、SWと面接を重ねることで本人が強くなっていき、共依存から本人が抜け出そうとすると、母親は強い不安を感じて本人とSWを激しく攻撃するのである。援助者への嫉妬は、母親から同性の女性の援助者に向けられるものが多い。やはり、「子どもを取られる」という思いにかられるのだろう。

　このようなケースに対し、筆者は、母親にくり返し働きかけてもどうにもならなかったとき、本人や主治医と何度も話し合った末に、本人を守るために担当を降りたこともあった。プライドや攻撃性の高い母親を納得させるためには、母親よりも年長の援助者に替わる、男性の援助者に替わる、あるいは精神科医に任せ、医師という権威で母親に納得してもらう、などの対応をとる。

3-8

家族問題に介入しないという選択

　ここまで、家族問題への介入の仕方を記してきた。しかしこの項では、「あえて家族問題に介入しない」という選択について記す。

　家族は1つのシステムだと先述した。家族内力動は簡単には変わらないこともあるが、なんらかの介入で家族内力動が変わるとき、家族には必ず揺れが生じる。その揺れに耐えられるだけの力が本人に備わっていないと、かえって本人は不安定となり、自傷がひどくなったり、希死念慮が出てくるおそれすらあり、非常に危険である。

　そのため、虐待や激しい自傷他害などで家族問題に即時介入が必要なとき以外は、家族間の問題が見えていても、そこに介入するかどうかは慎重に見極めなければいけない。あえて介入しない選択や、あるいはSWとの関係性ができてきて本人がある程度力をつけるまで待つ選択もある。

家族間の揺れに耐えられる力がつくまで待つ

アキラさんの場合

　アキラさんや母親と面接を続けるうちに、アキラさんの家庭は、父親も姉もそれぞれ何らかの事情を抱えていて、家族全体としての問題があり、その問題を一手に引き受けて症状として出しているのがアキラさんであるように見えて

きた。そのため SW は、いずれは父親や姉とも会って話を聴く必要
が出てくるかもしれないと思った。しかし、母親は公認心理師による定期面接を続けてもなかなか変化しないし、父親に働きかけても
かえって家族全体が混乱して今のアキラさんにとって耐えられない
状況になるおそれがあると思い、まだその時期ではないとアセスメントした。まずはアキラさんにしっかりかかわって、たとえ家族の
ありようが変わらなくても、アキラさん自身が力をつけて変わって
いけるような支援を目指すことにした。

　アキラさんの家庭は、アキラさんから母親への攻撃性という形で家族の問題が表出していた。言い換えると、アキラさんの怒りが母親に
向いているうちは、本人自身は安全なのである。アキラさんは母親の
関心を得ることが目的で暴れている側面が大きい。そのため、母親が
巻き込まれているうちは母親のことを独占できているので、そのこと
についてはアキラさんは満たされており、アキラさんが今以上に不穏
になる可能性は低いということである。
　一方、母親はアキラさんに向き合わない父親に不満を抱いているが、たとえば、SW が面接することで父親が刺激を受け、父親までもがアキラさんを突き放すような対応をすると、現在のアキラさんは耐えきれないだろう。攻撃は父親にも向いて、家の中はさらに荒れ、姉にも
影響が及ぶと思われるし、両親に冷たくされたことに絶望してアキラ
さんは抑うつ状態になるかもしれないし、死にたい気持ちが出てくる
かもしれない。こうした家族間の変化や揺れに本人が耐えられる力が
備わっていないときは、不用意に家族問題に介入することには大きな
リスクが伴うのである。
　そのため、アキラさんの場合、現在は心理職による母親面接以外は
SW は家族問題には介入しないという選択をした。
　家族全体をアキラさんにとって居心地のよいものに変えることは実

は難しい。たとえば父親がアキラさんに関心を寄せて熱心にかかわるようになると、姉が1人だけのけ者になったような孤独を感じて荒れ始めるかもしれない。家族関係とは微妙であやういバランスで成り立っているということを頭に入れておいたほうがよい。

本人の自立支援に重点を置く

ここまで述べてきたように、家族問題は介入したらよいというものではなく、介入すべきかどうかには慎重なアセスメントを要する。

若者だからこそ潜在的な力を秘めている人もいる。そのため、自立する力がありそうな人に対しては、家族面接に重点を置くよりも、本人の成長を促して自立を支援するほうがよいケースもある。

家庭内の状況がかなり複雑な場合、そこへの介入はとても時間がかかるし、何かよい変化が起きるかどうかもわからない。それよりも、本人に家族と離れた暮らしを提案したり、精神的にも家族から早く自立していけるように支援したほうがよい。そのほうが早い、本人が安定する近道だということである。

家族問題から距離をおく、逃げる、という考え方も、若者支援には重要な視点である。アセスメントの結果しだいで、SWは本人の自立を促す支援に重点を置き、家族問題にはあえて介入しない選択をするのである。

現実的な課題を先に対応する

母子密着など何らかの家族問題があるとわかっているケースでも、現状で本人がとりあえず日常生活を送っていれば、その問題にはあえ

て触れず、現実的な問題に対応するのが先という場合もある。

　たとえば、母親と娘によくみられる母子密着が激しいケース。母子密着はいずれは解決していかなければいけない課題であるが、本人が精神的に未成熟なまま親から引き離すと、かえって本人が不安定となり自傷行為や希死念慮が出るなど症状が悪化するおそれもある。

　それよりも、受験やアルバイトなど、今本人が抱えている現実的な課題に対してのサポートを優先させることで、自然に本人の成長が促されていき、外に関心が向いていき、少しずつ力をつけていくことができる。そのような自然な形で本人が母親から離れて自立していく方向に促していくほうが有効な場合もあるのである。

CHAPTER 4

― 第4章 ―
経済問題への介入の仕方

若者の心のケアと
家庭の経済状況との関係

　心のケアが必要な思春期・青年期の若者は、経済的に自立しておら
ず親など保護者の庇護下にある人がほとんどである。そのため、家庭
の経済状況や親の方針、考え方に大きな影響を受けるという、独特の
経済問題がある。自分自身の力でお金を稼ぐことができない状態にい
る若者がほとんどで、経済的に親に依存しなければならないのである。
生活費だけでなく、何らかの教育機関につながっている人が多い年代
であるが、それらの学費や病院の受診にもお金はかかる。入院となれ
ば高額になる。いわゆるお小遣いも親からもらっている。

　こうした経済的に親に依存せざるを得ない状況が若者を非常に苦し
め、また同時に家族をも苦しめている。「お金の問題」は、とかく感
情的になりがちで、本人と家族のトラブルの元になっていることが多
いのである。家庭内の経済状況の不安定さは、家族関係の不安定さに
直結する。夫婦間のけんかのきっかけに経済状況がからんでいること
が多いことを否定する人はおそらく少ないであろう。

　そのため SW は、本人のために、経済的な側面からも親の理解と協
力が得られるように働きかけること、また家庭の経済状況を把握して
家庭を包括的に支援する方法を考えることが必要となる。

経済的困窮家庭が多い現実を理解する

　精神科を訪れる若者のケースの多くは経済的に困っていると思って
いい。逆に言うと、経済的にゆとりがある家庭は、明らかな精神症状

があったり、暴力や自傷が激しいなど本人の状態がかなり悪い場合を除いて、精神科受診が最初の選択肢にはならないだろう。第1章で述べたように、心のケアが必要だとたとえ家族が感じても、精神科受診への抵抗感や偏見はまだあるからである。

街中には、心理相談所や不登校・ひきこもりの若者を支援するフリースクールや居場所のようなものが多くある。しかし、こうした機関はすべて自費であり、筆者が知る限り高額なところがほとんどだ。その出費に耐え得る経済力が家庭にあるうちは、なかなか精神科を受診させようとしない家族もいる。

精神科病院や精神科クリニックといった医療機関の利点は、健康保険による保険診療ができることである。そのため、生活保護世帯でも費用を気にせずに利用できる。また、精神科医による治療だけでなく、SWや心理職など多職種のサポートを受けることができる。

そういった意味では、精神科の医療機関とは、心のケアが必要な本人と家族にとって、症状の面からも経済的な面からも「最後の安全網」の役割を果たしているといえる。

経済状況を把握して支援に活かす

アキラさんの場合

アキラさんは、家でのストレスが高まるたびに母親との距離を取るために入院したがるようになった。母親も、アキラさんが興奮しているときは入院を希望するのだが、同時に入院費をとても気にしていた。そこでSWは、入院手続きの際に家庭の経済状況を詳しく

母親に聞いた。アキラさんの父親は会社員で、年収は約600万円。家のローン、アキラさんの姉の私立大学の学費、またアキラさんの高校も私立で、そうした出費で経済状況は決して楽ではないとわかった。母親は、アキラさんが高校を続けていけるのか、学費が無駄になるのではないか、入院は今後何回続くのかなど先の見えない状況のなか、経済的な不安を抱いており、夫婦間で言い争いになることもあるとのことだった。SWは入院費の概算を伝え、高額療養費制度などさまざまな制度を紹介した。

　若者のケースでなくても、クライエントの家庭の経済状況は、SWは業務の一環として把握するように努めることが多いだろう。特に若者のケースでは、先述したように本人が経済的に自立していないことが多いため、本人を扶養している親などの経済状況を把握しておいたほうがよい。本人が入院が必要な状態のときに親が費用を支払えるのかどうか、学費などどのくらいであれば本人にかけられるのかなど、今後の本人への支援を考えるうえで重要なポイントとなるからである。

　次項でさまざまな社会保障制度の活用方法を説明するが、家庭の経済事情によって利用できる制度から受けるメリットまでかなりの差がある。そのためSWは、たとえば入院手続きのときなどに、家族から経済状況を聞く努力をしていくのである。

　経済状況とは、ありていに言うと家庭の総収入を聞くということなので、そのような個人的な情報を聞くことをためらうSWもいるかもしれない。しかし、長い目でみると必ずその家庭のため、クライエントのためになる。「入院には費用がかかりますから、利用できそうな制度をいろいろとご紹介したいと思います」といった説明の流れのなかで聞いていくとよい。

　まず、本人の健康保険証の種類を確認する。若者は親の扶養に入っ

ている人がほとんどなので、親が加入している健康保険を知ることができる。社会保険（被用者保険）の場合は、親が会社員や公務員であることがわかり、国民健康保険の場合は自営業だろうかなどと想像しながら、必要時には親の職業を聞いていく。また、「高額療養費制度」の所得区分のどこに相当しているかを家族に聞くことによって、その家庭のだいたいの経済状況を把握することができる。高額療養費制度については後述する。

　入院費の概算を伝えることで、家族はその金額に驚いて不安を訴えるかもしれない。そうした不安を聴くうちに、たとえば家庭が借金を抱えていることや、父親の収入が不安定であることなどが見えてくるだろう。経済状況が苦しそうである場合、入院期間が長期化することへの不安を家族は抱くであろうし、SWの経済面での早期介入が必須である。学費など本人にかけられる費用のこともSWは気にかけていくことができ、家族と密に相談しながら経済面も加味した本人の支援を検討することができる。

　このように、経済状況の把握が本人と家族への支援の契機となることもあり、経済状況をふまえてその家庭を包括的に支援する方法を考えることが可能となるのである。また、経済状況は入院期間など今後の治療方針の参考になり得るので、主治医にも伝えたほうがよい。

利用できるさまざまな制度

　心のケアのための医療や福祉サービスを受けるにあたり、利用できるさまざまな社会保障制度がある。こうした制度を紹介して経済的に支援することは、精神科医や心理職などの他職種とは異なるSW独自の専門性であるため、積極的な介入を意識していきたい。経済問題への介入を切り口に、本人や家族と関係性を築いていけるし、第3章で述べた家族問題に介入していくきっかけにもなり得る。

　そのため、SWは幅広く多くの制度に精通しておく必要がある。制度については本などで自分で勉強するか、障害年金の勉強会など研修等へ参加することも有効である。そして、新たなクライエントに出会うたび、「このような困った状況に何か使える制度はないだろうか」と考える習慣をつけ、行政機関のいろいろな課に相談して教えてもらうよう心がけておくとよい。そうやって頻繁に役所に電話などをしているうちに、行政機関との連携もしやすくなっていく。

　制度は次々と改正され、新しい制度もできる。SWは一生勉強し続けなければならない職種だということを意識しておく必要がある。この項で、さまざまな制度の概要を紹介するが、詳細については社会保障の専門書も参照してほしい。ここに記した制度やその利用要件等は、2024（令和6）年3月時点のものである。最新の情報は、厚生労働省のホームページなどで確認することをお勧めする。

保険診療の利点を活かす

　精神科の病院やクリニックは、健康保険による保険診療ができると

いう大きな利点がある。そのため、経済的に苦しい家庭でも安心して受診することができる。しかも、外来診察や入院治療だけでなく、医療機関が実施しているデイケアや訪問看護、作業療法なども保険診療で利用できる。後述するように、さまざまな制度を活用すれば、保険診療による自己負担分をさらに低額に抑えることもできる。

また、生活保護の受給世帯でも費用を気にせず利用することができる。入院費が払えないから入院できないと悩んでいる人もいるのだが、家庭の経済状況によっては、入院後にSWが生活保護の申請を支援することもできる。そうやって経済状況が安定することで、精神的に落ち着きを取り戻す人もいる。

自立支援医療制度を活用する

自立支援医療制度は、精神科の外来通院で使えるものである。所定の手続きをして精神科病院（またはクリニック）と薬局を原則1か所に指定すると、保険診療の自己負担分が1割になり、さらに世帯の収入に応じて1か月の自己負担分に上限があり（2500円〜2万円）、上限を超えた分については支払わなくてよいという制度である。

医師の診察だけでなく、精神科の薬代や病院・クリニックで行っているデイケア、作業療法、医師の指示に基づく心理テスト、さらに訪問看護ステーションなどでも利用することができる。

この制度を利用する際には、医師の診断書が必要となる。2年に1度、診断書が改めて必要だが、診断書料を支払っても、デイケアを週に数回利用したり訪問看護を利用したりする人の場合は、制度を利用したほうが経済的にはメリットがある。

さらに、非課税世帯については、自己負担分である1割分を助成する独自の制度を持っている自治体があり、精神科の外来医療費が実質

無料となる地域もある。SW は、経済的に困っているケースについて
は、本人の住民票所在地の自治体の制度をいろいろ調べておくとよい
だろう。

高額療養費制度・限度額適用認定証を活用する

　高額療養費制度は、月ごとの医療費の上限（自己負担限度額）が世
帯の収入に応じて定額となっていて、その上限を超えた部分が後から
償還される制度である。入院時に利用することが多く、手続きをすれ
ば、病院などへの支払いは上限まででよく非常に便利である。手続き
の方法は、「限度額適用認定証」という書類を、本人（世帯主）が加
入している健康保険組合に申請し発行してもらい、病院の受付に提示
すればよい。若者の場合は、健康保険は親の扶養に入っていることが
ほとんどなので、多くの場合は家族に手続きを依頼することとなる。
　精神科だけでなく、すべての科の医療機関で利用でき、世帯の全員
分の医療費を合算して計算することができる。実際には、外来診療で
高額療養費の上限を超えることはあまりないが、数日でも入院すると
超える。
　入院費というものは、保険証が使えるいわゆる医療費と食事療養費、
保険証が使えない個室料金などの自己負担分から成り立っている。た
とえば、ある月の入院費の窓口支払い分が、保険証が使えない自己負
担分を除いて 30 万円だった場合、何も手続きをしなければ、病院の
窓口で 30 万円を支払うことになる。この場合に高額療養費制度を利
用した例をあげる（70 歳未満の場合）。
　世帯の所得に応じて、高額療養費制度の上限は 5 つの区分に分かれ
ている。これらの区分や金額、該当年齢等はたびたび改定される。
　本人（世帯主）の所得が 5 区分の中間層（月収約 28 万円〜 50 万円）

の場合、1か月の医療費の窓口支払い分の上限は8〜9万円。これに毎日の食事療養費がプラスされて、約12万円が1か月の上限となる。つまり、30万円から12万円を引いた18万円が後から戻ってくるということである。

　実際には保険証が使えない自己負担分が結構な金額になる病院もあるので、請求額はもっと多額になるが、「限度額適用認定証」を提示しておくと、窓口では保険証が使える部分については自己負担分の約12万円のみを支払えばよいことになる。後から償還されるので金額的には同じとはいえ、30万円という額、個室代などを含めると50万円以上になることもある金額を窓口で一括で支払うとしたら、それは厳しいという人々は多く、高額療養費制度と限度額適用認定証の申請は、入院した人の家族には説明したほうがいい。SWではなく医療事務の担当職員が入院時などに家族に説明する病院もあるが、SWもこの制度は知っておくべきである。

　ここで注意点が2つある。1つめは、「1か月」の上限とは、4月なら4月1日から4月30日までの分ということであり、たとえば4月15日から5月14日までの1か月分ではないということである。つまり、この制度は月をまたぐことができない。2つめは、上限は「世帯」の収入でみられるということである。本人が働けない状態でまったく収入がなくても、本人の扶養者（多くの場合は両親どちらか）に収入があると、本人が支払う医療費も高くなるので注意が必要である。

　一方、非課税世帯は、手続きするとかなり低額になる。医療費の上限が3万5400円、食事療養費も低額になるので、大部屋を希望するなどして個室代などの自己負担分がなければ、1か月約6万円で入院ができる。

自治体独自の助成制度を活用する

たとえば東京都の場合、母子家庭など一人親家庭には医療費減免の独自の制度がいろいろとある。

また、障害者手帳を持っている人の場合、手帳（障害）の種類と等級によっては医療費減免を行っている自治体が多い。

SWはそうした制度には精通しておくべきであり、クライエントが住んでいる自治体の制度を調べる習慣をつけるとよい。制度を利用したことで、外来診療の費用がほとんどかからずに受診でき、通院につなげやすくなるケースもある。

世帯分離をして医療費を抑える

アキラさんは両親と同居しているため、自立支援医療も高額療養費制度も両親の収入で計算されてしまうが、同居していても「世帯分離」をすることが可能なケースもある。

この場合の世帯分離とは、同じ家に住んでいても親の扶養からはずれて、本人自身が同じ住所で世帯主となって本人単独の住民票と健康保険証を作るということである。同居していても、本人だけの単身世帯として分けることができるのである。いわゆる「二世帯住宅」を思い浮かべればわかりやすいかもしれない。そうした場合、本人に課税収入がなければ非課税世帯となる。障害年金は非課税年金なので受給していたとしても関係ない。非課税世帯だと、国民健康保険料は低額で、外来の自立支援医療は先述したように無料になる地域がある。入院の際も高額療養費制度の上限が低額となる。

親と同居の未成年者の場合は、世帯分離が難しいのが現状であるが、

18歳を超えていれば役所に何か言われることもない。世帯分離をすれば自分の国民健康保険料は自分で払うことになるというだけのことである。

障害年金を申請し、本人の収入を確保する

　20歳になると、障害基礎年金の申請を検討できる。病名や病状に加え、すでに20歳以上の人に対しては、これまで年金を納入してきた期間などさまざまな受給要件がある。障害年金の申請の仕方については専門書も出ているので、詳細はそれらを参照されたい。ここでは、障害年金を受給することの利点と活用のポイントについて述べる。

　小、中学生は小遣いを自分で稼ぐことはできないが、高校生以上になってくると、働こうと思えばアルバイトをすることなどが可能な世の中である。しかし、心のケアが必要な若者たち、それも精神科につながるくらい不安定さを抱えている人が継続して働いていくことはとても難しい。就労支援については第7章で述べるが、働けないと、本人は自分自身のお金を得る手段がなく、いつまでも親に小遣いをもらうしかない。そのことは、本人も負い目を感じるだろうし、親も複雑な思いであろう。

　障害年金は、病気や障害があるために自立して働くことができない人に対する経済保障の制度である。精神障害の場合はよくなるケースもあるので、一度受給したら一生受給できるというわけではないが、同年代の人と同程度の水準の所得を得る就労ができない状態にあるときに障害年金を受給することは、その人の権利である。

　国民年金、厚生年金など本人が加入している年金制度によって受給額は異なるのであるが、一般的な「障害基礎年金」の場合、2級で月に約6万5000円が受給できる。1級だと約8万円である。こうした

具体的な制度の説明を、SW は本人や家族にしていく。

　お金が手元にない心許なさは、誰しも経験があるのではないだろうか。「本人名義の収入が定期的に入る」ということは、想像以上に本人や家族に安心感をもたらすものである。

障害者手帳を取ってサービスを利用する

　障害者手帳は、身体、知的、精神の障害別にあり、利用できるサービスが異なる。心のケアに関する手帳は「精神障害者保健福祉手帳」といい、公共交通費の減免の有無など自治体によってサービスが大きく異なる。手帳取得のメリットが大きい地域は、入院費のうち医療費の自己負担分を助成している自治体で、全国的にまだ少数だがある。全国的に共通しているサービスは、公立の美術館など施設の入場料が安くなる、携帯電話の基本料金が割引になる、生活保護受給者には障害者加算がつく（1級2級のみ）などで、まだ多くないのが現状である。

　障害者総合支援法になって、福祉サービスを利用する際には手帳取得を義務づける自治体もあるが、次章で述べるように若者が利用できる福祉サービスは少ない。障害者雇用での就職を希望する際には、多くの場合手帳を所持していなければならないが、第7章で述べるように、障害者雇用も万能ではない。そのため、手帳取得によるメリットが少ない地域では、本当に必要になったときに取得すればよいと筆者は考えている。

親元から別居してもらい、生活保護を申請する

　経済保障制度の最後の安全網は、生活保護制度である。近年、生活

保護受給のハードルは高くなってきているが、生活保護法で定められている最低限度の生活を送る水準の収入や財産がないかぎり、申請すれば受給できる。同居している親に水準以上の収入がある場合は、世帯で生活保護を受給することは難しいが、本人に収入がほとんどない場合は、本人が親元から別居することで、生活保護の申請が可能となる。

　つまり、親と同居のまま住民票上の世帯分離をするのではなく、本人にグループホームに入居してもらったりアパートを借りてもらったりして、物理的に親と別々の暮らしをするのである。

　生活保護を受給することで親の経済力に左右されることもなくなり、医療や福祉制度を必要なときに受けることもできる。そうすることで本人の生活が安定し、精神的にも安定していくことが多い。切り口は経済問題からの介入であるが、結局は第3章で述べたような、家族関係への介入にもつながる支援なのである。

制度利用に求められる
柔軟さ、慎重さ

　前項で、家庭の経済状況を把握したうえで、本人にとって有益と考えられる制度を紹介し、利用するメリットについて述べてきた。しかし、自立支援医療制度や障害年金などの申請は、「病気や障害の受容」と密接につながる重大な問題である。

　たとえば、10代半ばで精神病圏ではない「ひきこもり」のケースに、交通費などの割引があるからといって精神障害者保健福祉手帳を申請するべきだろうか。

　さまざまな制度に精通しているSWだからこそ、若者の場合は、予後も含めて主治医の意見も聞きながら、制度利用は慎重に検討していく必要がある。

病気や障害の受容との関係を理解する

　なんらかの社会保障制度を利用するということは、「医療や福祉サービスが必要な状態」に自分自身があるということである。誰でも利用する医療保険の制度であれば、また利用によって医療費が減額されるなどのメリットがある場合は、抵抗感を持つ人は少ないだろう。

　しかし、これが「障害年金」「障害者手帳」などと、「障害」と名称がつく制度であったらどうであろうか。利用により経済的なメリットがあるとしても、申請すること自体が「自分が（あるいはわが子が）病気や障害を持っている」と認めることにつながり、そのことに抵抗する人は多いのである。これは当然の反応といえるだろう。病気や障

害があるということを受容するのは誰だって苦しいだろうし、精神的な問題の場合はなおさら認めたくない気持ちも働くであろう。

特に思春期・青年期の若者の場合は、序章で述べたように、本当にその人が精神的な病気なのか、障害があるかどうかは、長い経過を見ていかないと判断できない状態の人が多い。正確な診断が下せる誠実な精神科医ほど、若者に対する精神疾患の診断はとても慎重にしているのを、筆者は長年見てきている。

統合失調症、うつ病、発達障害、知的障害などの精神疾患・障害であると精神科医が明確に診断を下した場合、そして家庭の経済状況や本人と家族の関係性から、本人が制度を利用して経済的に親から自立したほうがよい場合には、SWは本人や親に対して障害受容を促していく必要性が出てくる。

逆に、明確な診断がなされていないにもかかわらず、経済的に苦しいため障害年金などの制度を利用したいと本人あるいは家族が希望している際には、後述するように慎重に検討していったほうがよい。

制度利用のメリット、デメリットを吟味する

アキラさんの場合

アキラさんは、入院中にほかの成人の患者から障害年金や生活保護の話を聞き、「自分も受けたい」とSWに言ってきた。まだ10代のアキラさんが「障害者」の制度を使って小遣いを得ようとの考えに安易に流されているように見え、SWはショックを受けた。そのためSWは、「あなたは15歳でそれらの制度はまだ使えないし、もっと元気になるから、そういっ

た制度のことを今は考える必要はない」ときっぱりと言った。

　アキラさんのように、精神科に入院している間に、本人には不必要だと思われる情報をほかの患者さんから得てしまうことが時々ある。15歳のアキラさんから、「障害年金や生活保護を受けたい」との言葉が出てきたとき、筆者はとてもショックだった。ほかの多くのクライエントが、「自分は病気ではない、障害者ではない」と障害年金を受給することに抵抗したり、生活保護を受けることをためらったりする姿を多く見てきたからである。アキラさんがどこまで本気で言っていたのかはわからないが、「今の生活では小遣いが足りないので、障害年金や生活保護を受けて楽に暮らせたらいいな」といった、現状から逃げ出すために考えたことなのであれば、本人にとって制度利用はデメリットにほかならず、SWとしてはストップをかけたい。

　筆者はSWとして、そういった制度を否定するつもりはまったくない。むしろ大人のクライエントには、SWから情報提供し、積極的に勧めていくことが多い。しかし、これから成長して大人になっていく思春期・青年期の若者に対しては慎重でありたい。なぜなら、くり返しになるが、まだ本当に精神疾患を患っているのか、単なる思春期特有の揺れなのかの鑑別診断をつけるのが難しい時期であり、たとえ精神疾患を発症していても、予後が良好で障害年金を受給しなくてもやっていける可能性があるからである。

　本人に可能性があるかぎり、SWの側からその芽を摘んではいけない。制度利用について、クライエントに対するメリットとデメリットの両方を吟味する必要がある。

マイナス作用を及ぼす制度利用を見極める

　若者の場合、安易に社会保障制度を利用してもらうことが、本人の今後のためにはよくない事態となり得ることもあるということを、SW は肝に銘じておくべきである。

　たとえば、精神疾患ではないひきこもりの人が生活保護を受給すると、本人は経済的に「困った」状態ではなくなるため、「社会に出て働かねば」という意欲が下がり、その結果ひきこもりを助長してしまうおそれがある。障害年金や生活保護を受給することで本人の経済状況を改善することは生きていくうえで重要だ。しかし、そのことが本人の将来にとってマイナスに作用するおそれがあるケースを SW は見極め、あえて制度利用を止めたり、利用する際は就学や就労など社会復帰支援も同時にすすめていきたい。

制度利用を拒否する人の意思を尊重する

　さまざまな社会保障制度の利用に抵抗を示したり拒否したりするクライエントも多い。自分に病気や障害があることを受容するのは誰だって苦しいだろう。特に若者の場合は、本当にその人が精神的な病気なのか、障害があると言い切ってよいのかは判断が難しいのだから、SW が本人に障害受容をあえて促す必要もない。

　障害年金は、「本人名義のお金が定期的にもらえる」という点で、受給するかどうかで現実的な生活は大きく変わるだろう。だからこそ、本人が拒否していても、家族が申請を希望するケースが時々ある。このような場合は、家族に勝手に申請させるのではなくて、家族から経済状況を丁寧に聞いて、今の段階で障害年金を申請しなければ本当に

生活がたちゆかなくなるのか、ほかに方法はないのかなどを話し合っていくべきである。

　また、たとえば生活保護を受給している人の場合、生活保護制度は「他法優先」のため、生活保護のケースワーカーが「障害年金を申請してください」と指導してくることがある。しかし、本人が障害を受容できず障害年金申請をかたくなに拒否している段階で、SWとしては申請を促したくはない。こうした場合は、SWから生活保護ケースワーカーに事情を説明する必要がある。本人の障害受容が進むまでもう少し時間がかかること、障害年金申請は待ってほしいこと、本人が拒否しているにもかかわらずケースワーカーが職権で申請を強く促すと、症状が悪化するおそれもあることなどを伝え、理解を求めていくのである。

　精神障害者保健福祉手帳についても、先述したように現在では取得のメリットが少ない地域が多いため、筆者は本人が望まない限り取得は勧めていない。全国共通の手帳取得の最大のメリットは、生活保護を受給しているケースである。手帳の等級によって、保護費に「障害者加算」がつくので、本人が受け取る保護費の金額が上がるのである。それでもなお、手帳を取りたくないという人はいる。こうした本人の意向は、SWとしてはできるかぎり尊重したい。家族の理解や経済的なフォローがあるなど状況さえ許せば、本人が必要と感じるまで制度利用を控えるという姿勢をSWは大切にしてほしい。

　制度利用をかたくなに拒否していた人が、月日とともに利用する気になるときがある。アルバイトが続かないなど失敗体験をくり返すなかで自分自身の状態を少しずつ受けとめていき、制度利用を受け入れるというパターンがある。

　また、病院や福祉施設などで仲間ができて、その仲間から「制度を使うことのメリット」を聞いたことがきっかけという若者も多い。「元気そうに見えるあの人も、年金や手帳を取ったんだ」などと自分と他

者を比較するなかで、少しずつ本人の心も動いていくようである。同じ立場の人からの言葉は、ときにSWなど専門職の言葉よりも本人にスッと入ることがある。

制度利用を望む若者の真意を確認する

　一方、若いながらも精神的な病気や障害を受容し、積極的に社会保障制度を利用する人もいる。筆者の経験では、そのパターンは3つに分けられる。

　1つめは、10代未満、10代前半など早い時期から精神的な不調に苦しんでいて、長期間、精神科にもつながっていて、制度を利用することに抵抗がないという人。

　2つめは、精神科を受診して服薬などすることで、自分の苦しい状態がよくなったという実感をはっきりと持てるようになった人。「自分は病気だったんだ。だから治療してよくなった、楽になったのだ」という実感が持てた人である。

　これら2つのパターンの場合は、本人が自身の病気や障害を受容したといえるので、生活のしづらさを少しでも軽くするために、さまざまな制度を利用することは意義があると考える。SWも積極的に制度を紹介していくべきであろう。

　3つめは、「制度を使って楽に生活したい」と、現実逃避気味に利用を希望する人であり、アキラさんのようなケースである。こうした場合は、SWは慎重に本人と話し合う。

　若者が自らさまざまな社会保障制度を利用したいと言ってきたとき、SWは本人の真意がどこにあるのかを、本人や家族ときちんと話すことで確認していく必要がある。

本人が自由に使える金銭の保障

　これまで見てきたように、家計は苦しいが本人はまだ働けない、しかし障害年金や障害者手帳、生活保護の申請はまだ迷うといったケースが思春期・青年期の若者には多い。本人自身の収入がない場合は、教育費や医療費など諸々の費用を親に出してもらうしかない。しかし、そうしたことを複雑に感じる親は多いはずだ。本人たちはこれまでに、ゲーム代や携帯電話代などで多額の出費を親にさせたかもしれない。学校に入学しては中退するということをくり返し、学費がかかったり医療費がかかったり、本人に対してもうこれ以上お金は出せない、この状態がいつまで続くのかという思いも親にはあって当然であろう。

　一方、当の本人も家計を必要以上に気に病んでいたり、親に小遣いをもらえなくてストレスがたまっていたりするものである。浪費が激しい若者の親にしてみれば意外に思われるかもしれないが、これは事実である。自分の浪費をまったく気にしていない若者などいないと言い切ってもいいだろう。

　そのため、SW は本人が自由に使える一定額のお金を本人自身が持っていられるように、親などの協力を得ていくことが必要となる。家庭の経済状況が許す範囲で、一定額のお金を親から本人に渡してもらうこと。同時に、渡すのは一定額であり、それ以上の浪費は許さないという約束を親と本人ですることが重要となる。SW はこうしたことを親に説明し、理解を求めていく。こうして本人が誰にも気兼ねせずに自由に使えるお金を持てるように保障することで、本人の金銭に対するストレスは軽減されるのである。

定期的に定額の小遣いを黙って渡すよう親に頼む

── アキラさんの場合 ──

　ひきこもり状態が続いていたアキラさんに対して、母親はふだんから「お金を使う機会もないでしょう」と言い、アキラさんがリハビリのためにデイケアに通い始めても、本人が求めたときに申告分しか小遣いを渡していなかった。そのことにアキラさんは相当ストレスを感じていて、たびたび暴れて金品を要求するという悪循環に陥っていた。そのため、SW が母親と面接し、アキラさんがアルバイトなどをできるようになるまでは、定期的に定額の小遣いを毎月黙って渡してあげてほしいと頼んだ。その代わり、定額の小遣い以上の金品要求は断っていいこと、アキラさんの浪費が続くようなら SW が本人と話し合っていくことも伝えた。

　アキラさんのケースはよくある例である。親にしてみれば、「ひきこもっているから小遣いは不要」と感じるかもしれない。しかし、生活していく以上、何かとお金は必要になる。たとえ行き先が病院であっても交通費はいるし、ジュースを飲みたくなることだってあるだろう。ひきこもっていた若者が外に出て買い物をするようになるのは、本来ならば喜ばしいことのはずである。デイケアや学校などに定期的に行けるようになったり、飲食しながら話せる友人ができたのであれば、なおさらそうであろう。

　しかし、金銭に関することは、特に家族間では感情的になりやすい。そのため、SW が介入して本人の気持ちや状態を代弁する必要がある。

　筆者の経験では、「毎月決まった日に（定期的に）、定額の小遣いを

第4章　経済問題への介入の仕方

149

黙って本人に渡す」構造にするのが一番よい。それを親に依頼するのである。小遣いを渡すときに、「無駄使いしてはダメよ」などとつい小言を言ってしまいたくなるのが親心かもしれないが、ここは「黙って」渡してこそ、本人の内省につながっていくということを、SW が親に伝え理解を求めていく。

金品要求に罪悪感を抱く本音を親に伝える

　矛盾しているようだが、親に多額の金品要求をしたり浪費が治らない若者ですら、浪費をしながら後悔してもいる。そして浪費をしている本人自身が家計の心配を必要以上にしている場合もある。であれば浪費をやめればよいのだが、そう簡単にいかないところが心の問題を抱える人の難しさである。

　本人にとって金品要求や浪費は、本当にその物品が欲しくてやっていることは案外少なくて、心の中のすき間を埋めるために「何かを買う」行為で気をまぎらわそうとしていることが多い。本当に欲しいのは、第3章で述べたように親からの愛情であることが多いので、何をどれだけ買っても、本当には満足できないのである。むしろ、親からの愛情が欲しいのに、わざと親を怒らせるような金品要求をしているので、本人のストレスは実は大きく、「これでまた親に嫌われてしまうのではないか」などと罪悪感も抱いている。

　自分自身のことを思い出してみるとわかりやすいかもしれない。子どもの頃は、きっと親に小遣いをもらっていたであろう。その小遣いを使い切ってしまってもなお、欲しいものがあったとき。あるいは小遣いを無駄遣いしてしまった後に、どうしても必要な物が出てきてしまったとき。親にさらなる小遣いを頼むのは、非常にストレスフルだったのではないだろうか。進学先を考えるとき、子どもながら家計の心

配をしたり、高い学費に罪悪感を抱いたりしたこともあったのではないだろうか。それと似たような構図だと思っていい。そしてそのことをSWは親に理解してもらえるよう伝えていくのである。

定額以上の要求は断れるよう親を支援する

　ゲームやマンガ、さらに高額なスマートフォンやパソコンなどを次々と買うように親に要求してくる若者もいるだろう。また、摂食障害の人の場合は、過食をするために大量の食料品を買うこともあるし、万引きの癖がついている人もいる。

　こうした行為は、自分の心の中にポッカリとある空洞を物品で埋めようと、必死でもがいている状態ととらえることができる。その証拠に、買っても買っても本人たちは決して満足することなく、次の欲求が出てくるだけなのである。第3章の「親としての役割の提示」の項でも述べたように、本人が欲しいのは、本当は金品ではなく、親の愛情であることがほとんどだ。そのため、金品を与えても根本的な解決にはならない。むしろ、本人の回復のためには悪影響となり、毅然とした態度で金品要求を断ることが重要である。

　小遣いをあげないのではなく、「定期的に定額を黙って渡す」ことをしたうえで、それを超える要求があったときに断るということである。SWは、親がこうした対応ができるようにサポートしていく。

浪費が続くときはSWと本人で解決する

　親にしてみれば、家庭の経済状況は重要で感情的になりやすい問題だろう。本人に同胞（兄弟姉妹）がいる場合は、親は同胞が「本人に

ばかりお金を使って」などと思わないように配慮もしなければならず、さらに神経を使うだろう。

　このようなことを考慮すると、親に協力を依頼するのは「定期的に定額の小遣いを黙って本人に渡すこと、定額以上の要求は断ること」までである。それ以上の本人のお金に関する問題、お金の使い方、浪費癖などについては、SW が本人と一緒に考えていったほうがよい。

　浪費は心の空洞を埋めるためのものだと述べた。浪費は本人が精神的に安定するまでは続いてしまう。しかし、簡単に心が安定するはずもないので、浪費を防ぐ具体的な対応策を SW が本人と一緒に考えていく。そのためには、「浪費をさせない」ために「定額以上の金銭を本人に渡さない」といった外枠からの締めつけが有効で、この部分は親に依頼するしかない。

　SW は、本人が自由に使える一定額のお金を確保したうえで、「このお金でやりくりする」「使ってしまったのなら、次の小遣いをもらえる日までは我慢しなければならない」といったことを本人に覚えていってもらう。もらった小遣いを2、3日で浪費してしまう、あればあるだけ使ってしまう、足りなくなったらイライラする、暴れるといった状態の人は多い。そのときは、そもそものお金の使い方、何にいくらかかるのかといったことを一緒に書き出してみる作業を SW が本人と一緒にする。本人にとっては、これは浪費ではなくどうしても必要なものであるとか、これでは足りないとか、いろいろな思いがあふれて感情的になりやすい話なので、家族以外の者がやったほうがよい。必要であれば、社会福祉協議会が実施している日常生活自立支援事業などを利用して、本人のお金を管理してもらうことも検討できる。

　SW はこのような具体的な対応策、解決策を本人と一緒に考え、そして浪費してしまった後の本人のイライラにもつき合うなどして、「お金がないなら我慢する」といった現実的な金銭感覚を体で覚えていく道のりを伴走するのである。

CHAPTER 5

― 第5章 ―

居場所の確保の仕方

5-1

若者特有の居場所探しの難しさ

　不登校の人や卒業後ひきこもっている人など、1日のほとんどの時間を家で過ごしている若者については、日中の居場所を確保していくことが重要である。まず家から出ること、人と接すること、生活リズムを作っていくことなどはすべて、家から出かける先に居場所があってこそ実現することである。しかし、心のケアが必要な若者にとって、居場所探しはとても難しい。

　精神科に通院している人に紹介する居場所は、精神科デイケアや精神障害者が通う福祉事業所が一般的である。しかし、福祉事業所は通所者の平均年齢層が高く、20代の若者は少ない。10代はほとんどいない。そこで、若者特有の居場所探しが必要となるのである。

　学校に通うことを希望しているクライエントに対しては、学校が本人の居場所となるように、学校と連携しながら通学できるようなサポート体制を考えていく。しかし、不登校やひきこもり状態の若者にとって、すぐに復学するのはハードルが高い。小、中学校には公的なサポート教室もあるが、そこにも通えない人も多い。

　心のケアをしてくれて、同年代の若者が多くて、今後のサポートもしてくれて、費用が安い居場所は、残念ながら多くはない。現状では、10代20代の若者が比較的多い精神科デイケアや精神障害者対象の地域活動支援センター、若者支援事業による居場所、民間のフリースクールなどがあるが、数が少ない。電車やバスなど公共交通機関に乗れない状態の人もいるので、徒歩や自転車、せめてバス1本で行けるくらいの場所にあってほしい。なければ創り出す姿勢もSWには必要である。

精神科デイケアで受け入れる

アキラさんの場合

アキラさんは精神科につながり、主治医や SW との面接も定期的に行っていたが、すぐには高校に通い始めることはできなかった。自宅にいると母親に当たり散らすこともあり、昼間の居場所を SW は探したが、不安が強く、自宅から電車で 1 駅先にあるフリースクールにも行くことができなかった。そのため、SW 自身がスタッフをしている精神科病院内のデイケアの通所を促した。そこでもアキラさんは最初は 1 人で過ごすことができず、SW をはじめ誰かスタッフがついていないと「イライラする」などと訴えにきた。デイケアの帰りも、しばらくはバス停まで SW が送っていくなど手厚いかかわりが必要だった。しかし、3 か月ほどで慣れることができ、デイケアを拠点として少しずつ高校にも通うようになっていった。

　精神科のデイケアは、精神障害がある人のリハビリテーションの場、社会復帰を目指す場であり、居場所の役割も果たしている。精神科病院やクリニックに併設されているところが多く、保健所や精神保健福祉センターで開設しているところもあり、全国的に数多くある。

　しかし、思春期・青年期の若者を受け入れているところとなると、数はぐっと減る。一般的な精神科デイケアは、利用者の年齢層が中高年中心になる。そのため、若者を「受け入れない」わけではなく、たとえばアキラさんのような 15 歳の人がデイケアにふらりとやってきても、同年代の人がいないため継続して通いたい気持ちになることは

難しく、結局は若者の居場所にはなりづらい。

　筆者が勤めていた精神科病院のデイケアは、10代20代の人も多く受け入れており、若者グループも開催していたため若者の居場所の1つになっていた。デイケアをステップに、アキラさんのように復学していく人もいるし、アルバイトなどを始める人もいる。

　精神科デイケアは健康保険が使えるので利用料も安く、また第4章で述べた自立支援医療制度を使うこともでき、費用の面でも安心である。SWだけでなく、精神科医や看護師、作業療法士などの専門職がスタッフを務めていることも安心材料であろう。ただし、若者が多く参加している精神科デイケアは数が少なく、若者へのかかわり方に精通しているスタッフが少ないのが実情である。

　保健所や精神保健福祉センターでは、思春期デイケアや、ひきこもりの人を対象にしたグループワークを開催しているところもあるので、クライエントが住む地域の状況を調べてみることをお勧めする。

　一方、ひきこもっていた人などが実際にデイケアに通えるようになるまでにはかなりの時間がかかり難しい。SWとの1対1の面接には来ることができても、人間関係が苦手で集団の中で過ごすことがストレスだという人は多く、家から頻繁に外出すること自体が難しい人もいる。デイケアスタッフは、クライエントがデイケアにつながるまで、声かけをしたり来なかったときには電話するなど、きめ細かなかかわりが必要になる。

使えそうな社会資源は何でも使う

　心のケアが必要な若者の学校以外の居場所として、精神科デイケアのほかに、民間のフリースクールや塾のような場所、地域若者サポートステーション（サポステ）や若者支援事業による居場所、精神障害

者を対象とした福祉事業所などがある。法律をまたがってさまざまな居場所が増えてきており、使えそうな社会資源は問い合わせや見学をしてみて、本人に合いそうなものを見つけてほしい。

ひきこもりの人を対象とした若者支援事業などの居場所は、全国的に増えている。利用者は同年代の若者がほとんどであり、つながれば強力な居場所となる。不登校者やひきこもっている若者の受け入れを前提にしているので、心のケアについてもある程度の理解があると考えていいが、たとえばサポステは原則として障害者を対象としていないなど、それぞれ特徴がある。本人の状態に合った場所かどうかは問い合わせが必要である。

利用料が高額なところは経済的に余裕がある人しか通えないかもしれない。また、いくら素晴らしい取り組みをしていても、本人が通える距離の場所になければ意味がない。心のケアが必要な若者が親の助けを借りないで通える範囲は限られている。先述したように、公共交通機関に乗ることができない状態の人も多く、徒歩や自転車で行ける場所になければ利用できない現実がある。利用料が安い若者支援の居場所が今より増えていくことを願うばかりである。

精神障害がある人を対象にした福祉事業所には、地域活動支援センターや就労継続支援事業所、就労移行支援事業所など、障害者総合支援法に基づく事業所がある。デイケアと同様、利用者は中高年の人が多いが、近年は若者の利用も増えてきている。各市町村にそれなりの数があり、本人の自宅から通いやすい場所にあるかどうか調べてみてほしい。

アウトリーチ型支援を活用する

重度の発達障害など本人の障害の特性により、同じ場所に1人で

ずっといることができず、「居場所に通う、そこで過ごす」ことが難しい人もいる。こうした人に対しては、本人が居場所に通うのではなく、専門スタッフが本人の自宅を訪れる「アウトリーチ型の支援」の導入を検討してみる。

　アウトリーチ専門の事業所としては、精神科に対応している訪問看護ステーションの数が一番多い。この10年で各地域に数多くできた。精神科医による往診を中心にしているクリニックもできてきている。訪問看護は、心身の健康状態のチェックなどいわゆる看護業務だけでなく、話し相手になったり一緒に片づけをしたりなどかかわりに重点をおいた支援も行う。スタッフも、看護師だけでなく作業療法士を配置している事業所が増えており、ソーシャルワーカー（精神保健福祉士）を配置しているところもある。

　また、障害者総合支援法による福祉サービスでは、ヘルパーが外出に同行してくれる「移動支援」も検討したい。ひきこもり期間が長く一人での外出が難しい場合、買い物に同行するなどしてくれる。

　クライエントの症状や障害の特徴に理解のある訪問看護ステーションやヘルパー事業所に自宅を訪問してもらい、一緒に過ごしたり外に出かけたりする。こうしたアウトリーチ型の支援も有効に活用してほしい。

　アウトリーチ型の支援を導入する際に気をつけなければいけないことは、本人だけでなく同居家族の了承を得ることである。本人は、知らない人が自宅に来ることを嫌がるかもしれない。他人が自宅に入ることに抵抗がある家族もいるだろう。そのため、SWは訪問する看護師やヘルパーにことわったうえで初回は同席し、本人が慣れるまでは状況の報告を受けるなど配慮すべきだろう。アウトリーチ型の事業所を紹介するだけでなく、それらの援助者と本人がきちんとつながるまで、丁寧に事業所と連携していく必要がある。

学校との連携は必須

　学校に通っている年齢の若者であれば、学校が本来の日中の居場所である。しかし、小・中学校は不登校、高校は中退……など、教育現場と切れてしまっている人が圧倒的に多いのが実情である。

　これだけ世間でいじめや不登校、ひきこもりなどが取り沙汰されている現代社会である。学校現場も不登校の児童・生徒への対応が変化してきている。義務教育の小学校、中学校については、保健室登校も認められているし、不登校の児童・生徒が通う「適応指導教室」などと呼ばれる公的なサポート教室もあり、出席日数として認めてもらえる。また、実際には義務教育中はほとんど登校していなくても、卒業資格だけはもらうことができる。

　しかし、たとえ卒業資格をもらったとしても、クライエントが抱えている問題は何も解決していない。実際に学校が居場所になるように本人が少しずつでも通い始め、教室には入れなくても保健室で過ごすなど、「家から学校に通う」という行動ができるようになるかどうかが、復学への道のりの第一歩である。本人が復学を希望しているのであれば、学校関係者との連携は不可欠である。

担任、養護教諭ら教員と連携する

　小学生のときに受けたいじめなどをきっかけに不登校になった人の多くは、中学生になってもなかなか通うことができない。小学校と顔ぶれが変わる中学校に入学した直後は、なんとかがんばって登校しても、ささいなことをきっかけに再び不登校になってしまう。いきなり

学校を休みだす人もいれば、教室にいるのが苦しくて保健室の利用頻度が上がってしだいに休みだす人もいる。昨今の学校の保健室には常に児童・生徒がいて、養護教諭はとても忙しいと聞くことが多い。そのような事情も関係して、学校現場では児童・生徒の心の不調は養護教諭がいち早く気づくことも多いようである。微熱や腹痛などを訴えて保健室の「常連」となった児童・生徒と話すうちに、養護教諭が心のケアの必要性に気づき、担任教諭や親と話し合ったり精神科に相談するケースもある。

近年は学校にスクールソーシャルワーカーやスクールカウンセラーが配置されるようになっているが、彼らが常勤している学校はまだ少ない。

教育関係者は、たとえ養護教諭であっても精神症状に対する知識については乏しいのが通例だろう。リストカットの痕を見つけたときにどのように本人に働きかければよいのかなど、対応に戸惑うのは当然のことである。SW は、熱心な担任や養護教諭など教員から、そのような状態にある本人へのかかわり方や登校を促すタイミングを相談されることもあるだろう。

SW が学校と連携することは、とても重要である。本人や家族の了解を得ながら、本人の状態と対応の仕方などを伝え、学校にも協力してもらう。そうすることで、不登校の状況にある本人が学校に戻りやすい土壌がつくられ、少しずつ登校を始めるなど、学校が再び本人の居場所になっていくのである。

スクールソーシャルワーカーと連携する

文部科学省の方針により、スクールソーシャルワーカーやスクールカウンセラーが学校に配置されるようになった。非常勤であることが

多いが、学校での心のケアの担い手として、SW は大いに連携していくべきである。

　第1章で述べたように、若ければ若いほど、精神科での治療には慎重になったほうがよい。精神科受診が必要な状態だったとしても、心理職や SW との面談など何もかもを精神科の医療機関が担うのは、若者にとっても好ましくないと筆者は考えている。できるだけ医療機関ではない場所に若者を支えてくれる存在が欲しい。

　その意味からも、本人が所属している学校にスクールソーシャルワーカーやスクールカウンセラーがいれば心強い。本来の居場所である学校に悩みを話すことができる相手ができれば、学校にも行きやすくなるだろう。

　ただし、スクールソーシャルワーカーは精神症状については専門外である人もいる。その際は、SW は医療機関での診立てや治療方針、支援方針などをスクールソーシャルワーカーに詳細に伝え、かかわり方や導入してほしい支援体制などを具体的に依頼するなどの工夫が必要である。

　また、スクールカウンセラーは、本人との面接が中心となってくるため、複雑な家族状況を SW からカウンセラーに申し送り、親面接が必要な場合は SW が担うなど役割分担を話し合っていくことも必要になる。

協力的な高校の情報を得る

アキラさんの場合

　アキラさんが在籍している通信制高校は、サポート校と提携している学校で、中学時代に不登校だった生徒が多く入学しているという特徴がある。教員も生徒に熱心にサポーティブにかかわっていた。

担任がアキラさんが登校できなく
なっていることを心配していると
母親から聞いたSWは、本人の了
承を得て、担任に電話しアキラさ
んの状態を伝えた。そしてSWが
アキラさんと一緒に登校し、今後
のアキラさんに対する学校のサ

ポート体制などを話し合うことになった。話し合いの場には、担任
のほかに副校長と学年主任の教諭、養護教諭も同席した。高校で多
くの人がアキラさんを応援していることを知ることができ、アキラ
さん自身もSWも安心した。

　アキラさんが通っている高校のように、最近は協力的な学校が増え
ている。中学まで不登校だった生徒や心のケアが必要な生徒が入学で
きる高校というのは、昔は通信制高校くらいしかなかったが、現在は
多くの種類がある。定時制や単位制の高校も受け入れに積極的なとこ
ろがある。また、アキラさんが在籍しているような、通信制高校にサ
ポート校を合わせたタイプの高校が増えてきている。通信制高校は、
大量のレポート課題を家でやらなければならず、1人きりで行う力の
ない人は乗り越えるのが難しい。また、スクーリング（面接授業）に
も出席しなければ単位がもらえない。通信制高校を卒業するのも実際
には大変なのである。
　「サポート校と提携している通信制高校」は、週に何日かサポート校
に登校し、提携している通信制高校の課題を授業として取り組むとい
う形式を取っているところが多い。形としては、一般的な高校と変わ
らず、「登校」という形で高校に行くが、学校の体制や教員がサポーティ
ブで不登校経験者には通いやすくなっている。ただし、私立なので学
費が高く、経済的に余裕がある家庭しか進学は難しいかもしれない。

　筆者が知っているサポート校提携タイプの高校のなかには、病院デイケアの卓球プログラムへの参加について本人が簡単なレポート（何をやったか）を作成することで、体育の単位として換算してくれる学校もあった。また、登校してテストを受けることができない状態の生徒に対し、その場にSWが立ち会うことを条件に、病院の面接室でテストを受け、解答用紙を高校に郵送する方法で受理してくれるところもあった。

　ほかにも、中学卒業後に入学するタイプの専門学校（高等専修学校）もある。このなかには製菓衛生師や調理師などの専門的な資格とともに、高卒資格が卒業と同時に取れる学校もある。専門技術が身につくので、勉強はあまり好きでなく資格を取って働きたいとの意思が明確な人には心強い進学先である。ただし、私立のため学費はかかり、毎日の通学が必要なのでハードではある。

　このような高校の情報は、詳しく説明した高校紹介の本が出版されており、同様の情報はインターネットでも検索できる。

高卒認定試験を勧める

　「高校卒業程度認定試験（高認）」を受験して、高校卒業の代わりとすることもできる。高校は卒業までに最速で3年間かかり、中退と再入学をくり返すともっとかかる。学費も余計にかかる。集団行動や行事活動などが苦手だったりして高校に行きたいとは思わないが、「卒業の資格だけは取りたい」「勉強は嫌いではないので、将来的に大学などに進学したい」という人にとっては有用である。

　高認の試験は毎年2回実施されている。全科目を一度に合格しなくても、少しずつ取得していくこともできる。自分でマイペースに勉強して受験することも可能であるし、高認を受験するための予備校もある。

5-3

進路探しと卒業までのサポート

　前項で、体制面で協力的な高校も増えてきたと述べた。しかし、いくら学校側の支援体制が充実しても、スクーリングやレポート提出、試験を受けるなどして単位を取らないと卒業できないというハードルは厳然としてある。

　さらに、高校卒業後に専門学校や大学に進学した場合はさらに厳しく、講義に出席して試験を受けて単位を取得しなければ卒業できない。受験勉強をして入学試験を突破することも難しいが、実はその先の在籍し続けること、卒業することのほうがもっと難しいのである。

　そのため、SW はときには試験勉強やレポートをクライエントと一緒にするといった実際的なサポートも必要となってくる。

一緒に登校、勉強を教えるなど実際的な支援をする

アキラさんの場合

　アキラさんが在籍している通信制高校はサポート校と提携している学校で、通信制とはいえ週3日の登校が必要だった。レポート提出や試験もあった。アキラさんにとって登校することはまだ高いハードルだったため、SW が学校側と話し合い、レポートの量を増やすことで登校分の単位と認めてもらえるようにした。また、レポートも自宅で1人ではなかなか書けないため、デイケアに持ってきてもらいスタッフが見守るなかで書いたり、ときには SW が勉強を

第5章　居場所の確保の仕方

教えることもあった。登校も、最初は SW が何回か付き添って再開し、そのうち 1 人で通えるようになった。不安を感じたらすぐに SW に電話をかけてくるなどして、なんとかテストも受けられるようになり、進級することができた。

アキラさんの場合のように、SW はクライエントと一緒に学校に行く練習をしたり、ときには宿題や課題を教えたりするといった、実際的で具体的な支援を行うこともある。本人が 1 人でできればいいが、なかなかそれができる状態ではなく、宿題や課題が提出できないでたまっていくことがストレスとなり、精神的なダメージに直結していくからである。高校の単位を取り卒業するまでの長い道のりを、SW は見守りや励ましだけでなく、「一緒にする」という実際的な支援を行うことで本人が乗り切れるようにサポートするのである。

筆者は、大学の卒業論文の助言や運転免許の筆記試験の勉強の手伝いをしたこともある。手伝いといっても、論文の構成を本人から相談されたり、免許の筆記試験の一問一答問題集をするのにつき合うなど簡単なことである。本来ならば 1 人でやるべきものだろう。あるいは誰かが本人と一緒にやってくれればいい内容である。しかし、本人が 1 人では乗り越えられそうになく、ほかに手伝ってくれる人がいなかったため、筆者が手伝っただけのことである。その勉強の手伝いが長期間になりそうであれば、手伝ってくれそうな場所や人を新たに紹介することも考えていく。

中退するときは次のステップを考える

SW やほかの援助者らがいろいろと支援しても、中退する人がいる

という厳しい現実があるのも事実である。

　学校を辞めると、精神的に一時は楽になるが、その後に何をして過ごすのか、生きていくのかという壁に必ずぶつかる。そのため、中退するときは、何となく通えなくなってそのまま退学するということにならないように、なぜ辞めるのか、その後にどうしようと思っているかなど、本人の意思をしっかりと確認することに留意したい。そうでないと、中退した後、次のステップを考えることができないからである。

　たとえば、中退したい理由が勉強を続けることが嫌でもう限界ということであれば、中退した後はアルバイトなど勉強とは異なる道を模索していけばいい。しかし、集団が苦手だから中退したいという理由だった場合には、中退後にバイトするにしても他者とかかわる場面が必ず出てくるため、「何をしても結局は同じことで悩み、つまずくのだ」といった自分自身の課題を本人に理解してもらったほうがよい。そのうえで、通信制高校などに転校するのか、「他者とのかかわりの練習」を現在の高校でもう少しがんばってみるのか、それともデイケアなどサポーティブな環境で取り組んでいくのか、さらには人とかかわらなくてもよいような仕事を探していくのかなど、具体的な今後の方針を話し合っていくのである。

　いくら高校がつらいといっても、どこにも所属がない状態というのは本人にとって非常に苦しいものである。中退するにしても、上記のことを具体的に話し合っていると、次のステップを同時に考えていくことができ、「所属のない不安感」を軽減させることができる。

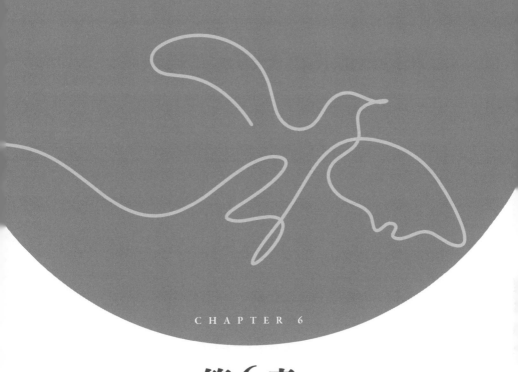

CHAPTER 6

━ 第6章 ━
恋愛、結婚、出産への
向き合い方

6-1

恋愛は成長の大切な過程

　人は、思春期・青年期を生きているとき、恋愛というものに出くわす可能性が高い。恋愛をめぐるさまざまな出来事をきっかけに心に傷つきを得てしまい、心のケアが必要となる若者も実は多い。恋は楽しいだけではなく、苦しみや悩みも絶えない。その苦しみに耐えきれず、失恋などをきっかけに自傷行為や自殺未遂に及ぶことだってある。

　それでも、恋は人を成長させる。SW は、クライエントが恋愛感情で悩んでいたら真摯に向き合って相談にのるべきである。

　ここで注意すべきことは、クライエントの今の恋愛がおそらく不幸な結果になるであろうと予想できたとしても、いたずらに反対してはいけないということである。「つらい思いをするかもしれないですよ」など予想し得る展開を本人に伝えることはいいし、SW 自身の経験や一般論から言えることを伝えるのもいい。しかし、つき合うかどうかを決めるのは、あくまで本人であるということを忘れてはいけない。

　SW 自身が「自分はどう生きてきたのか、どう生きるのか」という自分の価値観、人生観を問われることにもなる問題なので、こうしたかかわりは苦しい、難しいと感じる SW もいるかもしれない。SW 自身が悩んだときは、ほかの SW や援助者に相談するとよい。

恋愛相談も OK と伝える

　若者と話していて、何か悩みがありそうなのに話しにくそうにしていることが時々ある。それとなく水を向けてみると、いわゆる「恋バナ」、恋愛相談が始まるといった展開になる。関係性ができているク

ライエントからは、「好きな人ができちゃって」などと最初からすんなりと恋愛相談となることもある。

それらしいことをクライエントが話し出したら、筆者は最初に次のように言う。

「恋の悩みって、学校や仕事のことなんかよりもくだらないことのように感じて、こんなことを私に相談してはいけないとか思ってないですか。でも、そんなことないんですよ。恋の悩みは、自分が将来どう生きるかということにつながる重大な悩みだから、たくさん相談してくださいね」

SWに恋愛相談などしてはいけないのだろうと思い込んでいる若者は意外と多い。次のように考えてみるとわかりやすいかもしれない。SW自身が恋愛で悩んだとき、精神科医や心理カウンセラーに相談に行くことは第一選択肢にはならず、まずは親しい友人などに相談するのではないだろうか。若者とて同じである。しかし、心のケアが必要な若者の場合は、友人に相談するだけでは解決しないほど思い詰めたり、人間関係に振り回されたりして、状態が悪化することもある。相談できる友人がいない場合もある。だからといって、親に相談できる年代でもない。先述したように、恋は喜びや幸せをもたらすと同時に、苦しみやつらさ、不安ももたらす。だからこそ、あえてSWから「相談していいんですよ」と促すと、本人も話しやすくなるのである。

筆者の場合は、本人に役立ちそうだと思ったときには、第2章で述べたように自己開示をし、自らの経験をクライエントに語ることもある。

若者が語る恋愛相談は、傍からみると危なっかしかったり、恋と呼べるほどのものでもなく、ときには「恋に恋している状態」であるかもしれない。あきらかに相手にだまされているとSWが感じることもあるかもしれない。しかし、本人にとっては人生の一大事であるし、あるいは「もしかしたら、これは恋とは違うのかも」と本人自身もうっ

169

すら感じているかもしれない。だからこそ、真剣に耳を傾けると、本人が感じていることを素直に話してくれる可能性が高いのである。

傷つきのくり返しを見守る

　心のケアが必要な若者は対人関係が苦手だと何度も述べてきた。同性と異性とでは、交流の仕方や苦手度合いも異なってくる。いろいろな若者がいて、同年代の同性とはなんとか話せるようになっても、異性とはまったく話せないという若者がいる。一方で、同性とは話しにくいのに、異性とはなぜか話せるという若者も結構いる。

　「異性のほうが話しやすい」という若者の場合の異性とは、同年代の場合もあれば、かなり年上というケースもあり、多くはいわゆる恋人（恋愛の対象）を指している。相手に求めているのが、「自分の寂しさを埋めてくれる人」「誰でもいいから自分を必要としてくれる人、自分の傍にいてくれる人」といった、本人の一方的な思いを恋人に求めている場合は、SW は注意して見守ったほうがよい。そのような感情でつき合い始めても、本人の思いを受けとめきれる相手は少ないし、長続きはしないだろう。別れるたびに本人は深く傷ついて自傷行為や自殺未遂を起こすおそれもある。それでも寂しさを埋めるために、次々と新しい恋人をつくっては傷つくという行為をくり返す若者は実際のところ多い。

　だからといって、こうした若者に説教してもあまり効果はない。一度説教したくらいで止まる行為であれば、そもそも本人はこんなことはしない。SW は、クライエントが傷ついて泣きついてくるたびに話を聴き、少し落ち着いてきた段階で、なぜこのような事態になったと思うのかを本人自身に考えてもらうのである。そう簡単には本人は自分の行動を変えられないだろう。しかし、傷つきをくり返しながら自

分の心身で体得していくしかなく、SWはそっと見守っていくしかない。そのように筆者は考えている。

異なる価値観を得るよい機会とみる

── アキラさんの場合 ──

アキラさんはある日、「クラスメイトの女子に告白された！どうしよう……」とSWに相談してきた。同じクラブ活動に入っている子で、向こうから積極的に話しかけてくれるので話しやすいとアキラさんも好印象を抱いていたため、おつき合いをすることになった。アキラさんにとっては初めての恋人だった。彼女は家庭環境に恵まれず、親を頼らずに学費のためにアルバイトをがんばっていて、その姿を見るうちにアキラさんは、自分が何もかもを親に頼っていたこと、特に母親には何でも甘えていたことなどを少しだが自覚するようになった。また、彼女が積極的に外出するのでアキラさんも自然と外出する機会が増え、休日には苦手だった繁華街などにも彼女と遊びに行くようになり、母親とは少し距離が取れるようになっていった。

恋人とつき合うことで、これまで破れなかった自身の殻を突き破り大きく成長する若者もいる。恋人という存在は、これまで親が担ってきた「本人に一番近しい関係の人」としての役割をあっさりと奪っていくほどの力があるからである。これは心のケアの必要性の有無とは関係なく、すべての若者にいえることかもしれない。人は初めて好きな人とつき合ったとき、たとえその恋がすぐに終わってしまったとし

ても、つき合う前と後とでは、自分の感じ方や考え方、価値観が何か大きく変わっているのではないだろうか。

　また、アキラさんのように、恋人ができることでこれまで親から愛情を得ようと執着して荒れたり不安定になったりしていた人が、親とほどよい距離を取れるようになることもある。恋人が、親とは異なる価値観を本人にもたらし、本人が生きていくことが少し楽になることもある。

　たとえば、親のいいつけを守ってずっと「真面目ないい子」でいて、おしゃれをして繁華街などに遊びに行くことのなかった女性に恋人ができた。すると恋人に連れられていろいろな所に遊びに行くようになり、おしゃれやお化粧もするようになり、明るくなって積極性も出てきたといったケースは多くある。

　恋愛は、クライエントをいつも幸せにするものでは決してないが、さまざまな意味において本人を成長させてくれることは間違いない。たとえ失恋したとしても、その傷つきの経験や、そこからの再生の過程で、確実に成長していくのである。

性の相談も受けとめる

　恋愛をすると、多くの若者はセックスに関心を抱くだろう。性的関心は、思春期・青年期の若者であればあって当たり前、あるほうが健全だといえる。性的なことにまったく関心がないというのは、違う角度でまた心配すべきことである。

　性の問題にまで立ち入りたくない、苦手だと感じるSWもいるかもしれないが、筆者はできるだけ向き合ってほしいと願っている。人間誰もがぶつかるテーマである。あるいはぶつかるのが怖くて、回避して一生を終える人もいるかもしれない深いテーマである。

クライエントがSWを信頼して相談してきているのだから、できるだけ真摯に相談にのってほしい。この世に生まれてきた以上、恋愛の喜びも苦しみも知ってほしい。そこへ仕向けることはできないが、せめてクライエントから相談を受けたら、その喜びや苦しみを長い目で見守ってほしい。そして、本人が迷ったり、傷ついたりして助けを求めてきたら、全力で支援してほしいと思うのである。

　さまざまな相談に、たとえば筆者は次のように対応している。

　SWに対して、セックスをしていいかどうかの相談をしてくる若者は多くはないだろう。しかし、セックスへの不安、恐怖、相手が乱暴で怖かった、相手が嫌がったがどうしよう……などの相談を受けることはあるだろう。自分の正直な気持ちを相手に伝えてもいいこと、相手と二人で考えていく問題であること、本人の意向を無視するような相手であれば、大切にされているとはいえないのでおつき合いの仕方を考え直したほうがいいことなど、避妊の知識も含め、常識の範囲でクライエントに助言できることを筆者は伝えるようにしている。

　あるいは、性的関心を強く抱いていることに対して、自分は異常ではないかと悩んでしまったり罪悪感を抱いていたりする若者が結構いる。性的な関心を抱くのは健全で当たり前であること、男性女性どちらにも性欲はあって、たとえば自慰行為などに罪悪感を抱く必要はまったくないことなどを筆者は伝えるようにしている。

　また、性自認や性的指向にかかわる問題への本人の悩みは深く、希死念慮を抱く人もいるので、悩みを打ち明けられたら必ず耳を傾けてほしい。

　一方、30歳を目前にしても、誰かとおつき合いをした経験が一度もなく、ふれあったこともない、どうしたらいいのか、自分はこのまま一生、誰かとふれあうことがないのかといった相談もよくある。焦る必要はまったくないこと、しかし、もし必要以上に異性を意識して遠ざけているのであれば、もう少し気楽にお話しするところから交流

173

の練習をしてみてはどうかなどと筆者は返すようにしている。

　たとえば、不登校やひきこもりの状態が長いと、本来であれば同年代の仲間と共有している性に関する当たり前の情報を得る機会を逸していたり、インターネットで偏った情報だけ拾っていたりして、本人がよくわからなくなっている場合もある。こうした状況に対し、SWとして情報提供など必要なときに必要な支援をしていくだけのことである。

6-2

結婚にまつわるハードル

　一般論として、恋愛がそのまま結婚に結びつくことのほうがまれなので、結婚を考えるほど二人の仲が円満に続くということは、とても素晴らしいことである。単なる二人暮らしである同棲を始めるだけでも二人にとっては生活上の大きな変化であるが、結婚と同棲ではやはり異なる。

　結婚となると、ハードルが１つ上がる。当人同士だけの問題ではなくなり、ほとんどの場合は本人たちの家族も巻き込む事態となる。さらに、心に不安定さを抱えている若者が、恋愛だけならまだしも、結婚して独立した家庭を築くことができるのか、経済的にはどうするのかといった問題が浮上してくる。結婚は法の下に定められた契約行為でもあり、別れるときも「離婚」という手続きをしなければならない。二人が愛し合ってさえいれば簡単にできるというものではない。民法上許された年齢になっていれば、親の承認がなくても婚姻届を役所に提出することはできるが、やはり両者の家族全体で話し合うことが多いだろう。

家族の理解を得られるよう努める

　心のケアが必要で精神科に通院している若者が結婚をしたいと相談してきたとき、SW として何を援助すればよいだろうか。SW が果たすべき役割は何であろうか。これについては、片方のみ精神科に通院しているケースと、双方とも精神科に通院しているケースで対応や支援の仕方が変わってくる。いずれのケースでも、二人の家族の理解を

得られるように支援していくことが必要になる。また、第3章で触れたように、精神科病院や保健所、保健センターなどで開催している家族会や家族のための勉強会を紹介することも、家族の理解を求めていくうえで有効である。

まず、「女性のみが精神科に通院しているケース」である。結婚を考えているということは、相手の男性が本人の心の不安定さに理解があり、精神科通院への偏見などもないということであろう。あとは男性の家族から理解が得られるかどうかである。男性の家族が相手の女性の症状に理解がなく反対している場合は、女性だけでなく男性も相当悩むことになると考えられる。この場合は、SWや主治医から男性や男性の家族に女性の症状や気にかけてほしい点などの説明をすることが可能であることを女性に伝えるとよい。そして女性が希望すれば、SWは、女性がどのような状況でストレスを感じるのか、そのときはどう接するとよいのかなどについて説明していく。しかし、SWらが説明したからといって、相手の男性の家族が結婚に賛成するようになるとはかぎらない。症状に理解を示しても、心情的に反対するという親はいるだろう。SWからの働きかけにも限界があり、あとは当人たちががんばるしかない。

次に、「男性のみが精神科に通院しているケース」である。相手の女性は結婚を考えている時点で理解があるのだろうが、やはり女性の家族が大きな問題となる可能性が高い。男性に心の不安定さが続き、就職できていない状況であれば、女性の家族に結婚に賛成してもらうのはより難しくなるかもしれない。一番の問題は、二人が結婚して独立した家庭を持った場合、収入をどうするのかということである。男性が無理をしてでも働くのか。その場合、SWは男性の状態が悪化したときのことを想定して話し合っておく必要がある。それとも相手の女性が働くのか。実家から経済的援助を受けるのかなど具体的なことを考えていく必要がある。結婚を考えている人なのでそういった現実

的なことは当然考えていると思われるが、SWはきちんと確認し相談にのったほうがよい。女性の家族に理解がなく反対しているときの対応は、女性が通院しているケースと同様である。

　最後に、「男女双方とも精神科に通院しているケース」である。通院先、入院先の医療機関やデイケア、福祉事業所などで知り合うことが多い。こうした出会いから恋愛が始まり、おつき合いを続けるなかで傷ついたり傷つけたりさまざまなことが起こるが、それらを乗り越え、「結婚したい」と二人が決心したということである。筆者は精神科に通院している人同士の結婚を10組ほど見てきている。お互いにいたわり助け合い、長く夫婦生活を続けている人が多い。離婚したケースもあるし、どちらかが不調になって入院をしたり、けんかをしたりとさまざまなことが起こる。しかし、それはどこの夫婦だって同じであろう。

　一方、双方の家族の反応は多様であろう。単純に賛成、反対といったものではなく、「精神科に通院しているわが子が結婚などできるのだろうか」といった不安や、「人並みに結婚という幸せを得てくれてうれしい。でも本当にうまくいくのだろうか」といった気持ちまで、家族もかなり複雑なようである。SWはこうした家族の不安も傾聴し、本人たちに対するSWの見立てや結婚についての考えを伝え、援助者側ができるサポート体制などについても説明していく。

本人たちに結婚のデメリットも伝える

　「マリッジブルー」という言葉があるように、本人たちも「好きな人とずっと一緒にいたい」という希望と、「二人でやっていけるのだろうか」という不安の両方がごちゃまぜになっている可能性が高い。心のケアが必要な若者同士の結婚を特別視したくはないが、現状は甘

くはないので、SW は二人に対して結婚のデメリットも含め、現実的なことを説明していく必要がある。

　心が不安定な者同士の結婚を考えるとき、経済面と精神面、生活面の 3 つが課題となってくる。

　まず、「経済面」についてである。どちらかの収入で十分生活ができるほど仕事が続いているようであれば、本人たちも悩まないだろう。多くは、二人とも障害年金を受給していたり、アルバイトを少しやっているが二人分の生活費としては足りないというケースである。単身で生活保護を受給している人もいるだろう。そうした場合、一番現実的なのは、二人世帯で生活保護を受給することである。たまに実家が裕福で金銭的援助をしてもらえるというケースもあるが、結婚とは、地域で二人が独立して生活していくことであるから、最初から実家をあてにした結婚で大丈夫なのだろうかと筆者は考えてしまう。

　生活保護を受給するには役所に申請する必要があるため、生活保護のケースワーカーからも「結婚してやっていけるのか」を問われることになるが、それも本人たちが「二人で生きていく」ことを確認するために乗り越えるべき課題である。

　次に、「精神面」についてである。留意すべきことは、ストレスに弱い人が多いので、いくら好きな人とであっても「一緒にいることがストレスになり得る」ということである。お互いに気を遣い過ぎたり、言いたいことを言えなかったり、自分が疲れて助けてほしいときにちょうど相手も疲れて二人で寝込んでしまったりすると、余計に落ち込むことになるだろう。親元から初めて離れる人にとっては、その不安も大きい。親の前では自由に暮らしていたのに、結婚すると、慣れるまでは気を遣ってしまって疲れるということもある。

　それまで一人暮らしだった人にとっては、寂しさが癒されると期待するかもしれないが、二人暮らしのわずらわしさも当然ある。自分が苦しいときやつらいとき、やさしく癒してくれる相手ならいいが、相

手も仕事やデイケアなど日常生活を保たないと共倒れしてしまうおそれもある。あるいは、自分がつらいときでも寝ていればよいというわけではなくて、相手の世話をしなくてはいけないときもある。つまり、「同居人がいる」ということは、自分にとって力になること、楽しいこと、素晴らしいことも多くあるが、わずらわしいことだってあるのである。それが現実の夫婦生活である。

　最後に、「生活面」である。食事、掃除、洗濯、ゴミ出し、日々の買物……といった家事のすべてを二人でやっていくことになる。これまで親元にいて、親が家事をしてくれていた人にとっては、大変な経験となる。二人で協力してやっていくのか、より元気なほうがやるのか、二人は話し合っておく必要がある。SWが協力できることとして、二人の家庭にホームヘルプや訪問看護を導入して、家事を手伝ってもらったり、やり方を教えてもらったりすることがある。

　また、二人で「家庭」を構えるわけなので、面倒と感じるような町内会などの近所付き合いにも対応する必要が出てくる。「家庭」として、地域で認められ生きていくということだからである。SWはこうしたこまごまとした日常生活の相談にのっていくことになる。

本人たちの代弁者として親に向き合う

　双方の、あるいはどちらかの親が、結婚に強硬に反対するケースもあるだろう。親の言い分は大概こうである。「自分一人のことも自分でちゃんとできないのに、結婚して誰かと一緒に生活するなんてできるわけがない」。SWは、本人たちの代弁者として何と反論できるであろうか。

　この親の言い分は、心のケアの必要性の有無に関係なく、どんな若者にも当てはまる。最初から完璧にできる人などいない。二人で力を

合わせて、失敗しながらも生活を重ねていく。悩むだろうし困ったことも起こるだろう。でも、その際はSWら援助者がサポート体制を組んで支援していきますと親に伝え、理解を求めるしかない。

　あるいは、本人たちを取り巻く専門職のなかに、親と同じような言い分で結婚に反対する人もいるかもしれない。そういうときは、障害を持っている人も当たり前の生活を送る権利があること、結婚だって当たり前に検討するべきで、「心のケアが必要な状態」であることが、結婚を反対する理由にはならないことを伝えていくしかない。何か困ったことが起きれば、そこで考えていけばよいのであり、問題が起きることを前提に反対するということは、SWとしては絶対にあってはならないのである。

妊娠、出産のとらえ方

　恋人ができ、セックスを伴うつき合いとなると、妊娠という事態が浮上してくる。筆者はこれまでの臨床経験のなかで、精神科を利用している人同士の結婚や出産した若者を複数担当してきた。SWは、妊娠したとわかった段階から、本当に今出産したいのか、育てられるのか、子育ては一生続くものであり相当の覚悟が必要であること、身近に協力してくれる人はいるのかといった、現実的で実際的な厳しい話をクライエントや家族としていく必要がある。出産に関しては、生まれてくる子どもの幸せ、福祉をどう考えるのかという問題が当然ある。簡単な問題ではないからこそ、SWは目をそらさずに向き合い、本人たちと一緒に考え続けるしかない。

　重要なことは、クライエントが相談してきたら、SWはそうした話題を避けずに向き合うこと。そして、さまざまな情報を提供し、一緒に考えもしたうえで、「最終的な決断は本人がする」という自己決定の原則がここでもきちんと守られるように、本人を見守ることである。なぜなら、デリケートで難しい問題だけに、本人を無視して親など周囲が勝手に決めてしまうおそれがあるからである。これは本人の権利侵害であり、SWが擁護すべき問題である。

望まない妊娠への対応を一緒に考える

　心のケアが必要な若い女性が妊娠したとき、クライエントがSWに相談してくる内容はさまざまである。本人が望まない妊娠で中絶を考えている人、妊娠したことをきっかけに相手と結婚を考えようとす

る人、妊娠はうれしいが子育てができるか悩んでいる人、産みたいが自分で育てることはほぼあきらめている人……。そもそも、妊娠したという事実を受けとめきれなくてパニックになってしまい、SWはそこに寄り添うことから始めなければいけないケースもある。

　恋人同士でなくても、ちょっとした軽い気持ちでセックスをして妊娠してしまった、あるいは本人にその気がないのに相手に強要されて妊娠してしまった、本人たちに知識がまったくなくて誤って妊娠してしまったという場合さえある。本人が望まない妊娠は、非常に深刻な問題である。そもそも、望まない妊娠を防ぐために、あらかじめ避妊の知識については確認したり伝えたりする必要がある。それでも妊娠することはあり得る。

　本人が出産を望まない場合は、中絶の処置を受けることになる。本人の心身のダメージは相当であるし、中絶には健康保険が使えないので費用面での心配もある。

　中絶するかどうかは、親など周囲が決めるのではなく、本人自身が決めるべきである。そうでないと後になって「私は本当は産みたかったのに」などと言い出すおそれもある。決めるのは難しいことであるが、後述するようにSWは出産と子育ての現実的な大変さを伝えていき、本人が自分で決められるように情報を提供していく。

　中絶の処置には、人道的な観点からは相手の男性が付き添うべきであろうが、そうはいかない現実もある。本人の家族が付き添うことも多いが、家族が妊娠に拒否反応を示してしまったり、あるいは身寄りがいないクライエントの場合は筆者が付き添ったこともあった。

　身寄りのいないある20代の女性は、「妊娠してしまった。産む気はない。どうしよう」と相談してきた。相手の男性とはもう別れたから連絡を取りたくないと当初本人は言っていたが、本人を説得して費用の相談のために連絡をしてもらい、相手の男性に出してもらうことになった。病院には筆者が付き添った。こういう助言や寄り添いを誰か

がやらねばならないときもある。

「親になる」覚悟があるのか確認する

　クライエントが出産を希望するとなると、違う軸での課題が浮上してくる。もっとハードルが上がるといってもいいだろう。SW は現実的で実際的な厳しい話を本人とお腹の子どもの父親や家族らとしていく必要がある。たとえば、今出産して育てられるのか、本当に育てたいのか、子育ては一生続くものだが、「親になる」覚悟ができているのか、身近に協力してくれる人はいるのか……。

　妊娠した本人とその相手の双方の精神状態が安定しているとは言い難い場合、親や周囲の人々の多くが出産に反対するだろう。「不安定な二人で育てていけるのか」という理由が最も大きいと考えられる。二人の生活は子育て中心に変わっていく。子育ては一時的なものではなく、少なくとも 18 年は続く。それこそ子どもの思春期の嵐も乗り越えていかねばならない。「親として」の責任が常に伴う。その間に、二人のどちらかが、あるいは二人ともが具合が悪くなることだってあるかもしれない。子どもを健やかに育てていけるのか。子どもも精神的に不安定になるのではないか。不安要素を挙げていったらキリがないほどである。二人と生まれてくる子どもを心配するからこそ「無理ではないか」と、出産を反対する人々の思いもわかる気もする。

　しかし、本当に無理であろうか。子育ては誰にとっても難しい。そのため、現在はさまざまな子育て支援の制度がある。子ども家庭支援センターや児童相談所に相談をしながら、保育園やホームヘルパー、訪問看護などの力を借りて、子育てを手伝ってもらうこともできる。ショートステイ制度を利用して一時的に子どもを預けることもできる。二人で育てていくことが本当に難しくなったときには、児童相談

所に相談し、児童養護施設に子どもを預け、子どもとは時々の外泊で会うということもできる。「家族」の形はさまざまあってよいのである。

子育て支援ネットワークをつくる

SW がなすべきことは、出産をあきらめるように二人を説得することでは決してない。二人が子どもを産んで自分たちで育てたいという希望を抱いていたら、SW は先述したような現実的な大変さをきちんと伝え、親になる覚悟を確認したうえで、可能なかぎりの支援制度を使って二人と子どものための支援ネットワークを構築するよう努力することである。児童相談所、子ども家庭支援センター、保育園など公的なものだけでなく、地域の民生委員や児童委員、子育てサークル、さらには近隣の人々などインフォーマルなものまで含んだ支援ネットワークである。もちろん二人の親や家族も含まれる。

そして、二人と子どもから成るこの家族を見守り続けることである。誰かの具合が悪くなったときには、早目の危機介入を行うこと。特に子どもの発育上の観点から、二人に子どもを養育する力が不足していると思われたときは、本人たちと話し合って、できるだけ速やかに児童相談所に子どもの保護を依頼していくことである。

精神科の外来で出会って結婚した 20 代のある夫婦は、二人で生活保護を受給して生活していた。妊娠し、女性の両親が協力的だったことから無事出産し、時々両親に手伝ってもらいながら育てていた。SW は、保育園やホームヘルパー、訪問看護などさまざまなサポートも導入し、子育て支援ネットワークをつくった。子どもが幼い頃はなんとかなったが、小学生になり数年経つと、子どもが他の家庭と自分の家を比較して文句を言ったり突然大声を出したりするなど子どもに心配な状況が多く出てきた。夫婦は必死に育てているが同時に悩んで

もいて、児童相談所にも相談し、子どもの状態を見ながら、必要時には児童養護施設に預けることも検討するようになった。

児童相談所との連携を密にする

「絶対に産みたい」と出産を自分で固く決意し、SWや周囲の助言などもまったく聞かずに出産したものの、すぐに育てられなくなり行き詰まってしまった若者もいる。こうした例のほとんどは、結婚しておらず、子どもの父親である男性がクライエントと別れたり逃げてしまっていたりして、クライエントが1人で産むという、さらに困難さが高い状況である。このようなとき、SWはできるだけ本人の了承を得て、速やかに児童相談所に連絡し、子どもを乳児院に保護してもらう、里親を探してもらうなどの措置を取ってもらうこととなる。

「産みたい」とクライエントが言い、SWも本人の親も想定し得るかぎりの大変さを伝えても、本人が聞かない以上はほかに方法がない。本人が寂しさを抱えていて、「子どもを産めば寂しくなくなるはず」と思い、妊娠・出産を望む若い女性は実際には多い。その考えが間違っていることは、どれだけ言葉を尽くしても、本人にはなかなか伝わらない。SWとしては、今後起こり得ることを想像して複雑な気持ちになるであろう。しかし、最終的に決めるのは本人である。SWにできることは、本人あるいは子どもに何か危険な事態が起こったときに、すぐに介入できるように本人と関係性をつくっておくこと、児童相談所など関係機関と連絡を密に取りながら見守ることである。

185

自己決定を促し見守り続ける

　ここまで出産の大変さばかりを述べてきたが、本人にとって出産は
リスクだけではない。子どもを産むことで、特に母親に覚悟ができて
精神的にとても落ち着いたという例は多い。なかには、必死に子育て
をしているうちにクライエントの心がすっかりたくましくなり、自傷
行為も治まり、精神科通院が終了となった人もいる。こうしたケース
は、精神疾患の人ではなく、いわゆる思春期・青年期の心の揺れが大
き過ぎて精神科が必要になるほど不安定になっていたような若者であ
ることが多く、「母親」という役割を得ることで落ち着くパターンで
ある。

　父親のほうも同じである。父親になったという自覚が本人をしっか
りさせ、これまで続かなかった就労が続くようになるなど、事態が好
転していくこともある。

　両親ともに、あるいは片親が障害を持ちながら子どもを育てている
という夫婦は結構いる。精神障害の場合だけを特別視する必要はない
と筆者は思う。精神疾患の遺伝などを気にしている人も多いが、それ
とて、ほかの障害でも同じである。本人たちの親がいろいろと心配し
てしまうのは仕方ないとしても、SW としては、自己決定の原則を忘
れず、だからといって「本人たちが決めたことだから」などと安易に
考えて放置することもなく、一緒に考え、悩み、最終的にクライエン
トが決めたことを見守っていくのである。

CHAPTER 7

― 第7章 ―

自立に向けた支援

7-1

人との交流の練習

　思春期・青年期の若者は、心身ともに発達過程にある。それは、親など保護者に庇護される存在から、成長とともに自立していく過程でもあるが、自立の定義はさまざまである。経済面、日常生活面、精神面などさまざまな面での自立があり、すべての面で自立できなくても少しずつ目指していけばいい。

　心のケアが必要な若者も、親からさまざまな面で自立していくために、就労や一人暮らしなどを検討する時期がいつか必ず来る。しかし、家にひきこもっていた期間が長い、他者との交流が苦手といった人がほとんどである。そのため、自立に向けての支援の第一段階として、まずは本人が家から外出することや人と交流する練習が必要である。

　長くひきこもっていた人にとっては、家から出ること自体がまず大変である。最初は怖くても、なんとか外出して、他者がいる場に無理しながらでもいられるようになる。そのうち人と触れ合い、少しずつ話すことができるようになり、しだいに友人、仲間と呼べる人々ができてくる。そうした人々の存在が徐々に家族よりも大切になってきて、少しずつ親離れが進んでいく。そしていずれは、前章で述べたような恋をして大切な人ができ、将来のことなどを真剣に考えるようになり、親から離れていく。こうしたことのすべては、「他者と交流する」といういとなみがベースになっている。誰かとかかわる、交流することは、心のケアが必要な若者にとっては高いハードルなのであるが、生きていくうえで必ず乗り越えなければいけないものである。人生におけるその長い大切な過程を SW は見守っていくのである。

グループワーク後に個別面接でフォローする

　家から出て、その人の状態に応じて学校でもデイケアでも昼間にどこかに出かけること、そしてその場に他者とともにいられるようになることは、自立への大切な一歩である。

　場所はクライエントが大丈夫なのであればどこでもいい。ダイレクトに復学して、学校で人との交流の練習をする人もいれば、働くことを目的に就労支援センターなどに通所する人もいる。学校にまだ通えない人の場合は、精神科デイケアなどリハビリの場で人との交流の練習をしてステップとしてもらうこともある。

　しかし、ひきこもっていた期間が長い若者ほど、外出することへの抵抗は大きく、誰かがいる場所でともに時間を過ごすことを苦手としている人が多い。SW は、クライエントに昼間の居場所を紹介してつなげるだけではなく、本人がその場に慣れて過ごしやすくなるような支援を工夫していく必要がある。たとえば、デイケアのプログラムなど「何かを他者と一緒にすること」に参加を促す、複数名でするゲームに誘うなどである。

　人との交流の練習には、話し合いを行う小人数のグループワークのプログラムが有効である。少人数とはいえ集団の中で話すことは、本人にとって敷居が高いだろう。最初は、その場にいるだけで精一杯という人がほとんどである。スタッフが本人に質問したり発言を促したりするうちに、少しずつ場に慣れていき、質問に対しては皆の前で答えられるようになっていく。そうやって少しずつ発言できるようになってくると、多くの若者が、「自分が他者からどう見られているか」を必要以上に気にするようになる。思春期・青年期は特に自意識が過剰になりがちな時期なので、自分の発言が浮いていなかったか、皆に受け入れられていたかを気にするのである。そのため、グループワー

189

ク後に SW が個別面接でフォローしていくとよい。グループワーク中の本人の言動を振り返り、「皆が応えてくれていた」などとフィードバックしていくことで、本人は自信をつけていく。ひきこもっていた人が集団の中で話せるようになるには、数か月から年単位の長い年月がかかり、粘り強いサポートが必要となる。

発達障害の人は小グループで練習する

発達障害など、障害の特徴から場にそぐわない発言をしてしまうクライエントもいる。そのような若者の場合、小人数のグループのプログラムで SW がサポートしながら、少しずつ人と話すことに慣れていってもらう練習が有効である。SW との二者面接では、集団の中での人との交流の練習にはならない。小グループであれば、周囲に配慮せず本人が一方的に話し出したとしても、SW らスタッフがやんわりと発言に割り込んで止めたり、軌道修正したりすることも可能である。そうした練習を繰り返すなかで、クライエントから「これは今、話してもいいことですか?」などと質問が出るようになったり、ほかのメンバーの発言への返答の仕方を覚えていったりする。

発達障害の人だけを集めたグループである必要はなく、むしろ実社会と同じように、いろいろな特徴を持つ人がいる場に参加することで、他者といるときにやっていいこと、遠慮したほうがよいこと、やってはいけないことなどを学んでいくことができるし、SW もその人のコミュニケーションの傾向を知ることができるので、今後の支援に活かすことができる。

7-2

具体的な就労支援

　「働く」ということは、人が生きていくうえで非常に重要な位置を占めているものである。その人の状態によっては経済的な自立が必ずしも必要なわけではないが、「働く」ことは、多くのものを人にもたらしてくれる。たとえば、その人の居場所、所属ができる。仲間ができる。働いている自分自身に自信がつき、自己肯定感を得られるようになるかもしれない。仕事が生きがいになるかもしれない。そして何よりも、労働の対価としての収入が得られる。たとえわずかであったとしても、本人自身の力で得たお金である。大切な収入であり、使い途を人にとやかく言われる筋合いのないものである。収入が多くなれば、経済的に自立できるかもしれない。生きていくうえでの可能性が大きく広がってくるのである。

　そのため、高校進学・復学ではなく就労を希望している人や、高校や大学は卒業しているけれど……という若者の場合、次のステップとして就労支援を持ちかけることが多い。

　心のケアが必要な若者にとって、働き方にはさまざまな形態がある。就労継続支援事業所などで福祉的就労を始める人、就労移行支援事業所や就労支援センター、ハローワークの障害者相談などの就労支援制度を利用する人、あるいは病気や障害のことを明かさずに一般就労を目指す人……。一般就労の場合も、週2、3回のアルバイトを始める人、派遣会社に登録して働き始める人、正規雇用を目指す人などさまざまである。SWはクライエントの希望とその人の状態に合わせて、どのような職種や働き方がよいのかを一緒に考え、紹介していく。そのためにもSWは就労の制度に通じていなければならない。

　どのような働き方を勧めていくか、紹介していくかということは、

「その人の可能性をどうアセスメントするか」ということである。病名や予後もかかわってくることなので、主治医の診立てを聞くことも重要である。ただ、同じ病名でも、人によって症状や状態はかなり異なるので、病名だけで判断することは避けなければならない。また、本人の症状だけでなく、家族など周囲のサポート体制がどうなっているかも、クライエントの今後の可能性を見立てるときの重要なポイントとなる。

　今の世の中、病気や障害がなくても就職活動はいばらの道である。ましてや心のケアが必要な若者にとってはなおさら厳しい。SW は、就労支援の制度を紹介したりつなげたりするだけではなく、履歴書を一緒に書いたり面接の練習をしたりといった実際的な支援や、仕事を続けていくためのストレス発散につき合うなど、さまざまなサポートをしながらその厳しい道のりを併走するのである。

「バイトしてみたい」をまずは応援する

アキラさんの場合

　アキラさんはつき合い始めた恋人の影響もあり、「僕もアルバイトをしてみたい」と SW に言ってきた。ゲームやインターネットが好きなので、家の近くのインターネットカフェでバイトしてみたいとのことだった。SW は「対人関係が苦手なあなたにとって接客業はストレスになりそう。深夜勤務や長時間勤務もあり、厳しい労働条件ではないかしら」と心配して話したが、本人は聞き入れなかった。バイトにトライすること自体は素晴らしいことなので、自由に動いてもらった。深夜の人手が足

りないとのことでバイトはすぐに決まり、アキラさんは初日から深夜勤務に入った。しかし、2日で心身ともに疲れ切ってしまい、辞めてしまった。アキラさんはSWに、「次はもう少し時間の短いバイトを探します」と話した。

　就労支援の手始めは、本人がどのような職種でどの程度の時間数を働きたいと希望しているのかを確認していくことである。「これがやりたい」と明確な夢や目標を持っている人は少なく、漠然としかイメージできていない人も多い。また、クライエントの今の状態では無理と思われるような仕事を希望する人もいる。そこで、SWはクライエントが自分の症状をどのように理解していて、どのような職業でどの程度であれば働けそうなのかという自身の状態を本人が把握する作業を促していく。これは、本人が自分の病気や障害を受容する過程とも重なってくる。こうした作業を、「仕事探し」を媒介として、SWとの面接の中で行っていく。

　さらに、SWはクライエントと面接で話すだけではなく、求人情報を一緒に見たり、ハローワークに話を聴きに行くなど、実際に本人と一緒に動き、話していくことが大切である。そうした過程で本人も、「この仕事はとても忙しそうだな。僕には今は無理だな」などとわかっていくのである。

　次に述べる福祉的就労に若者はすんなりつながるわけではない。「まずは普通にバイトをしてみたい」と思う人が多いのは当然だろう。実際、バイトのほうがさまざまな仕事があるし場所も選びやすい。アキラさんのように、SWから見て本人にはまだ無理だろうと思うような仕事にも、あえてトライしてもらうこともある。「失敗体験」とはいえ、働く厳しさや現実を知るにはよい経験であり、本人が自分自身の現在の力に気づくことができるからである。続けばもちろん素晴らしいこ

とである。

福祉的就労につなげる

　障害者総合支援法に基づく、精神障害者を対象にしたさまざまな福祉的就労の事業所がある。

　就労継続支援B型事業所のなかには、「働く」ことに重点を置かず無理せずに通ってこられることを目標にしている事業所や、しっかりと仕事をすることを求め、いずれは一般就労につなげることを目標にしている事業所などがある。それぞれの事業所に特徴があり、作業内容や利用者の年齢層、病状なども異なってくる。各地域に数多くあるので、若い年代の利用者が多い事業所であれば、心のケアが必要な若者やひきこもっていた人の居場所になり得るし、緩やかに働く練習をしていくことができる。

　精神的に不安定な人の場合、「毎日決められた場所・時間に通い続ける」ことが苦手な人が圧倒的に多い。その練習を、就労継続支援B型事業所で行うのである。言い換えると、毎日真面目に通い続けることができる人は、障害者雇用などで一定の配慮があれば働くことができるだろう。

　就労継続支援A型事業所は、最低賃金を保障している代わりに週4〜5日通所など厳しい条件があり、一定の作業能力も求められ、通い続けるにはハードルが上がる。事業所数は就労継続支援B型事業所ほど多くないので、少し離れた場所まで通うことになるかもしれない。

　「働くための練習（就労訓練）」に特化しているのが就労移行支援事業所である。利用期間が原則2年とされていて、一般就労（障害者雇用）を目指して訓練が行われるのでそれなりに厳しい。

ほかには、障害者就労支援センターという、就職活動の相談支援や、就職後も本人と職場の間に入って調整するなどさまざまな相談にのってくれる事業所がある。

　一方、このような「精神障害者を対象にした福祉的就労」に、拒否反応を示す若者もいる。精神科デイケアへの参加は受け入れられても、障害者対象の福祉事業所は絶対に嫌という若者もいて、一見不思議に感じるのであるが、本人たちに聞いてみると、次のように話す人が多い。いわく、医療機関に併設されている精神科デイケアは、「今は病気のリハビリ中だから仕方なく通っている」と自分を納得させることができるが、地域の福祉事業所は「自分が"障害者"とレッテルを貼られるようで嫌だ」というのである。

　病気や障害の受容の点から仕方がない面もあるのだが、アルバイトなど一般就労がまだ難しい状態の人にとっては、地域の福祉事業所はステップの場となり得る。バイトの失敗体験を何度か重ねた後に、「福祉的就労で働く練習や訓練をしましょう」とタイミングを見計らって勧めていくとつながりやすい。

障害者雇用の際は職場と連携する

　就職活動をする際に、職場に本人の病気や症状、障害のことを伝えるか否か、いわゆるオープンにするのかクローズにするのかという問題がある。

　オープンにする場合は、障害者雇用促進法の法定雇用率に応じた障害者雇用枠を設けている企業・事業所での就労を目指すことになり、ハローワークの障害者相談窓口を通して申し込む。障害者雇用は、法定雇用率が上がるなど整備が進み、特例子会社やサテライトオフィス型など働き方にもさまざまな形態ができている。

クライエントが就職する際に、就労移行支援事業所や就労支援セ
ンターなど、就労関係の事業所が間に入ってくれていることも多いので、
そうした事業所やハローワーク職員とSWは連携する。就職後は、
職場に本人の病気や障害の状態を説明して、本人の得意なこと不得意
なこと、配慮してほしい点などを伝え、職場との連携を図ることが
SWの重要な役割となる。

　ただ、障害者雇用枠を設けている企業なども、うつ病や統合失調症、
近年では発達障害などに対する理解は進んできているものの、若者特
有の不安定さを伴う症状や自傷行為などへの理解はほとんどないと
言っていいだろう。また、障害者雇用の求人には志望者が殺到し、倍
率が高くなるので、書類審査や面接で落とされることも多く、病状を
オープンにしても、就活は依然いばらの道であることを留意しておく
必要がある。

　障害者雇用枠と関係なく、障害に理解のある事業所を探し、クライ
エント個別の症状を率直に話して理解を求めるほうが現実的なことも
ある。理解のある職場開拓も、SWの役割の1つであろう。

履歴書、面接の練習など実際的な支援をする

　就労支援では、ハローワークに行く、履歴書を書く、面接の練習を
するなど、現実に則した実際的な支援も必要である。

　履歴書については、多くの若者が高校を中退していたり、卒業後ひ
きこもっていたりして、空白の期間が何年か発生する。そこをどのよ
うに書くか、面接で問われたら何と答えるかを一緒に考えていく。病
状をオープンにする場合は正直に書けばいい。問題はクローズにする
場合である。クライエントが納得できるように慎重に話し合っていく
必要がある。筆者の経験では、「大学受験にトライしていたが、家庭

の経済的な事情で進学をあきらめた」「家庭の事情で家事に専念していた」「司法試験を目指していたがあきらめた（法学部卒の人）」など、実際の本人の状態に近い事情を理由としたことがある。

　趣味や長所の欄なども、何を書けばいいのかわからないという人は多い。SW が本人に長所などを具体的に伝えることで、履歴書も書けるし本人が自信をつけることもできる。志望動機も、本人の気持ちを大切にしながら一緒に考えていく。

　また、誰だって面接は緊張するものである。面接で落とされないように、SW が面接官の役割をして面接の練習をやってみるなど実際的な支援が必要である。

人づき合いや休み方を助言する

━━ アキラさんの場合 ━━

　高校 3 年生になったアキラさんは、卒業後は就職を希望していた。2 年以上診てきた主治医は、アキラさんは発達障害がベースにあると思われ、精神的な不安定さを抱えているものの、一般就労にトライする力があると診立て、SW も同意見だった。アキラさんは最初のアルバイトの失敗の経験から、「接客業以外。体を動かす仕事」を希望し、SW も求人情報などを見て一緒に探した。スーパーマーケットでの商品出しの仕事が見つかり、バイトだが週 5 日間フルタイムで始めた。アキラさんは、職場には精神科に通院していることは黙っていた。バイトの後は毎日

のように、SW に電話をしたり会いに行ったりした。SW はその日の仕事のストレスを発散してもらえるように話を聴き、また、職場の人づき合いの方法やシフトの入れ方、休みの取り方なども助言した。アキラさんは何度か辞めそうになりながらも、そのたびに SW が面接するなど強力にサポートし、なんとか続けていた。

アキラさんのように、職に就くことも大変だが、続けていくことはもっと大変である。SW は精神的なフォローだけでなく、働き方、休み方など仕事上の実際的なアドバイスをすることも必要である。

仕事は最初が一番大変である。仕事内容を覚えなければならないし、職場の上司や同僚の名前、顔も覚えなければならない。気を遣うことだらけである。シフトの入れ方や休みの取り方なども、自分からはなかなか希望を言いにくく、無理な勤務体制になってしまうこともあるだろう。さらに、飲み会など仕事以外の場のつき合いも出てくるだろう。

休みの日はぐったりとしているだろうが、心のケアが必要な若者の場合、「上手に休む」ということが苦手な人も多い。一日中寝ている自分を責めてしまったり、せっかく休める日なのに友達に遊びに誘われて断れずに疲れ切ってしまったりすることもある。

SW は、クライエントが仕事のストレスを発散できるよう、愚痴を聴いたり励ましたりといった精神的なサポートだけでなく、勤務日数や勤務時間帯の入れ方、休み方、職場での人づき合いの仕方なども、できるだけ具体的に助言していったほうがよい。わかる範囲で仕事内容への助言が必要になるときもあるだろう。

アキラさんのように、精神科に通院していることをクローズにしている場合は、病気や障害に対する職場からの配慮が得られない分、こうした SW のサポートがさらに重要になってくるのである。

7-3 CHAPTER 7

精神的な自立への支援

　母子密着や共依存関係、支配的な家族との関係、虐待など、心のケアが必要な若者は、家族関係が複雑なケースが多い。第3章で述べた通りである。

　精神的な自立とは、本人の「親離れ」、そして親側の「子離れ」の問題でもある。さまざまな自立のなかで一番難しいものだと筆者は考えている。

　SW が面接を重ねて働きかけても親が変わらず「子離れ」してくれない場合は、本人の成長を促すように働きかけ、本人から「親離れ」をし、親と適切な距離を保てるようにサポートしていくほうが早い場合が多い。若者に精神的な自立を促していくことはとても難しいが、そのことが本人の精神的な安定につながっていく。

本人の「親離れ」を促す

アキラさんの場合

　高校を卒業してアルバイトも始め、仲間や恋人もでき、精神的にも安定したアキラさんだが、「母親に甘えたい。自分のことを理解してほしい」という本音を抱いていた。そのため、母親の言動へのいらだちは続いていて、そのたびに苦しんでいた。母親に対しては、最初は SW が、後には公認心理師が定期面接を行っていた。アキラさんへのかかわり方については、SW は母親にことあるごとに伝え

続けてきたが、母親のアキラさんへの対応は変わらなかった。その
ため、SWはアキラさんに、「お母さんが変わるのは難しいこと。
つらいことだけど、お母さんに甘えたり期待することはあきらめて
いくしかない。それが精神的に大人になっていくということですよ」
などと面接で伝え続けた。アキラさんは母親の無理解に、ときに面
接で泣きながらも少しずつあきらめ、精神的に自立していった。

　ここで述べることは、第3章の家族問題の内容と重なる。「子離れ
できない親」は、心のケアを必要とする若者の場合、結構な割合でい
る。本人が元気になって親元から離れていこうとするときに、親が寂
しさを感じ、つい本人の足を引っ張ってしまうのである。その際、親
はほとんど無意識である。無意識だから、修正できず、何度もやって
しまう。これでは本人はいつまでたっても親離れできない。

　子どもの頃、自分にとって一番大切な人は「親、特に母親」という
人が多い。そして一般的に、思春期・青年期の若者は、「親友」や「恋
人」など親以外の「信頼できる重要な他者」を見つけていく。親に言
えない秘密も彼らには打ち明け、親元から自然に、精神的に自立して
いくものである。

　しかし、心のケアを必要とする若者の場合、何らかの理由で親との
関係がゆがんでしまっていて、だからこそ親に執着している人が多い。
「親のことが心配でひきこもっている」というケースも結構ある。だ
からこそ親面接が重要になってくるのだが、何十年も抱いている親の
価値観を変えていくことは、とても難しいのが現実である。それより
も、本人自身に働きかけて、本人が親を精神的に切り捨てて親離れを
することを促すほうが早い。

　アキラさんも同様である。アキラさんは母親の愛情に飢えていて、
精神科につながった当初は、母親に依存したくて、母親の気を惹くた
めに暴力などの手段に出ていた。そのため、SWはアキラさんの依存

の対象を母親からいったんSWに移すことを目標にかかわっていった。SWがアキラさんにとっての「信頼できる重要な他者」になろうとしたのである。アキラさんとSWとの関係性は深まり、アキラさんは少しずつ落ち着きを取り戻し、復学も果たし、恋人ができたあたりからは少しずつ母親との距離も取れるようになっていた。しかし、心の底ではまだ「親離れ」ができないでいた。そのためSWは、「母親に期待しないこと」という、アキラさんにとってはつらい助言をし続けたのである。

　こうしたことを若者に言う機会はとても多い。「親に期待するのではなく、自分で人生を切り開いていく」ということを伝え続ける。本人たちには、なかなか受け入れられない考え方である。精神的に未熟な人だとなおさら難しいだろう。どうしても精神的に自立できない場合は、後述するように、物理的に親と距離を取ることになる。

多様な価値観があることを伝える

　親以外にモデルとなるような身近な大人がいなくて、親の価値観だけに縛られている若者も多い。自分自身の子どもの頃を思い出してみるとわかりやすいだろう。誰しも子どもの頃は、親から教えられた価値観が絶対だったはずである。それが、学校に行き、先生やクラスメイトなど多くの人と出会うなかで親とは異なる価値観に触れ、親の価値観が本当に正しいのか疑ってみたりし、多様な価値観があるということを知り、自分自身が大切にしたい価値観を選び取っていくのである。

　ところが、あまりにも親が支配的な場合、本人は親以外の価値観を見出すことができない状態でいることが多い。また、子どもの頃から不登校、ひきこもり状態が続いていると、そもそも本人がほかの価値

観に触れる機会がない。

　そのため、SWは世の中にはいろいろな人がいること、いろいろな生き方があってよいことなどを本人に伝え、多様な価値観があることを知ってもらうように働きかけることが重要になる。SW自身が大人としての1つのモデルとなることもある。

7-4

「親から自立する」ための支援

　人が生きていくうえで、「自立する」とはどういうことであろうか。

　若者にとっての自立とは、親の影響下、支配下にあるかどうかということと深く関係していると筆者は考えている。そのため、SW は若者が「親から自立する」という視点で考え、支援していく必要がある。

　たとえば、経済的には親には頼らないで、その代わりに障害年金や生活保護などの社会保障制度を利用することで、「親からの経済的自立」を果たすことができる。

　日常生活については、親元にずっといた人は、家事などすべて親に任せていた若者のほうが多いだろう。少しずつ手伝ったり親の代わりに家事を担ったりといっても、同居しているかぎり、なかなかうまくはいかない。本当は自分でできる力があったとしても、親がいるとつい頼ってしまいたくなるだろう。そのため、親と別居することで、初めて自分の身の回りのことは自分でやり、できないことは SW など誰かに相談したり、ホームヘルプなどの制度を利用したりしながら、「親からの生活面での自立」を果たすことができる。

　精神的な自立は難しいと前項で述べた。精神的な自立は、外から見えにくいし非常にわかりにくい。筆者は、親と暮らしていて経済面、生活面で親に頼っていても、親の指示ではなく自分の意思で行動できる、やることの優先順位を自分で決めるといったことができていれば、その人は「親から精神的に自立している」といえると考えている。

　しかし、同居していると、どうしても親の意向に巻き込まれがちである。親は決して悪気があるわけではなく、わが子を守るためにやっていることも多いのだろうが、結果として子どもを支配下に置いてしまいがちで子どもはいつまでたっても自立できない。そのうち子ども

が精神的に成長してくると、「自分がいなくなると、この親はどうするのだろう」などと親のありようを心配するようにもなる。親との共依存関係である。そして、「親を見捨てられない」思いも無意識に抱くようになり、結局は親離れできず、自立できない若者も結構いる。

　親以外の人、たとえば友人や先輩、恋人、職場の仲間などの力を借りることは、人が生きていくうえで当たり前のことであり、自立を妨げるものではない。心のケアが必要な若者の場合は、そうした人々のなかに、SW など専門の相談員や援助職が入るというだけのことである。誰だって一人きりで生きているわけではないし、誰かの力を借りたり自分の力を貸したりしながら、助け合って生きている。

　以上のように考えると、やはり、親と物理的に距離を取ることが、若者が自立していくうえでの大きなポイントとなりそうである。そしてこれは、病気や障害の有無とは関係ないのだろう。病気などがなくても、何歳になっても親元にいて、一見は自立しているように見えても精神的に自立できていない大人は現代には多いように筆者は思う。

迷っても、まずは親と離れるよう働きかける

アキラさんの場合

　高校卒業後、スーパーマーケットで週 5 日のアルバイトをなんとか続けていたアキラさんだったが、1 年ほど経ったある日、突然辞めてしまった。精神的にギリギリで、かなりストレスがたまっていたようだった。その後はバイトも探さず家にいる時間が長くなり、恋人とも別れてしまった。そして半年後に 20 歳を迎えるという頃、SW に障害年金を申請したいと言ってきた。SW は、障害年金はいつでも申請できるし、もう少しアキラさんの可能性を信じたい、年金を得ることで働かずにひきこもってしまうのではないかと心配だという考えを正直に伝えた。主治医も、バイトを再度チャレンジ

してみてはどうかとの意見だった。アキラさんは再び家で荒れるようになった。SW が面接をしても、「自分が何をやりたいか全然わからない」と焦るだけであった。そこで、SW はアキラさんのような若者を積極的に受け入れてくれるグループホームを探し、アキラさんに実家を出てグループホームに入居してみてはどうかと勧めた。アキラさんが両親への精神的な依存からどうしても抜け切れず、本人の成長を妨げていると感じたためである。アキラさんは当初迷っていたが、両親はグループホーム入居に賛成で、主治医も賛成した。本人も最終的には同意して、20 歳になったのを機に入居を決意した。

バイトがうまくいかず、再び家にひきこもりがちになったアキラさんは、結局は母親に依存していた。しかも、障害年金を受給したいと自分から言ってくるなど、働く意欲も生きる目標も失っていた。アキラさんは、不登校や家庭内暴力があって精神科病院に入院した経験もあるが、通院やデイケアでのリハビリを経て、高校に復学してからはきちんと通うことができ、仲間や恋人もできて卒業もできた。スーパーマーケットのバイトも 1 年続いたのは立派だったと SW は思った。そのため、障害年金に頼らなくても、アキラさん自身の力でやっていけると可能性を信じていた。そして、もう一度働く意欲や生きる目標を持つためには、親から物理的に離れて、親の力を借りずに 1 人で生活してみる経験が必要だと考えたのである。

ところで、第 4 章でも触れたように、アキラさんのように 15 歳という若い年齢で精神科病院に入院し、大人の患者たちが障害年金や生活保護の制度を利用しているのを見ると、「自分も将来受給すればい

いや。苦労して働いてもどうせ一緒だしバカらしい」などという考えを持ってしまう若者はいて、筆者はいつも悩んでしまう。若者を精神科病院で受け入れ、サポートすることの功罪を考えてしまうのである。

親から離れることで精神的安定を促す

　親から離れた場所に住むことで本人と家族の葛藤が和らぎ、精神的な安定につながっていったケースは多い。

　一人暮らしをして住む場所が離れるなど、物理的に親との距離が取れることで、本人は何かあったときにすぐに親に頼ることができないし、親に八つ当たりすることもできないので、実質的に依存する度合いが減る。

　親のほうも、本人に直接何かを言うなど支配する機会がぐっと減るので、本人は精神的にも少しずつ親から自立していくことができるのである。

　また、親子で共依存関係になっているケースは多く、本人と親の双方に離れる意思がないなら、自立は難しい。自傷行為が止まらないなど本人の不安定な状態が続くようなら、SW は一度離れてみることを本人と親の双方に提案してみたほうがよい。

　まずは物理的に親と距離を取ることで、本人は精神的にも少しずつ親と距離が取れるようになっていき、安定につながっていくケースが多い。

親から経済援助を受けない手段を考える

アキラさんの場合

アキラさんは、スーパーマーケットの
アルバイト時代の貯金が約 20 万円あった
ので、グループホームに入る際の費用な
どに困ることはなかった。入居当初は、
親元から離れた初めての暮らしに慣れる
のが精一杯で、ゴミ出しや掃除の仕方な
ど生活上のことをホームの職員に聞いて
いた。しかし、生活にも慣れ貯金がつき

かけた 1 か月後、アキラさんは再び就職活動を始めることになった。
実はアキラさんに再度働く意欲を持ってもらいたくて、SW とホー
ム職員が親と話し合い、仕送りをあえて拒否するように依頼してい
たからである。SW はアキラさんに障害者雇用での就職を提案。一
緒に就労支援センターやハローワークに行き、宅配便会社の倉庫管
理の仕事が決まった。まずは週 4 日、1 日 5 時間のペースで始めた。
ホームの利用料は安かったので、それで十分生活できた。仕事上の
ストレスなどを職員に話しながら、だんだんと仕事に慣れていき、
3 か月後には週 5 日、1 日 6 時間勤務となり、月に 10 万円以上稼
げるようになった。実家には仕事が休みの日に時々帰っているが、
親と話していてイライラしたときはすぐにホームに戻ってくるなど
し、親と適度な距離が取れるようになったことで精神的に安定して
いった。このホームの利用は 3 年間という期限があるため、その
後はアパートで一人暮らしをしたいとアキラさんは夢を抱くように
なった。職場で仲間もでき、気になる女性もいるのだが、人目を気
にしてなかなかホームに呼ぶことはできなかったので、本当に自由
な一人暮らしで好きな生活をしてみたいと思うようになったのであ
る。

約 2 年後にアパートを借りる時点のアキラさんの状態を見越し

て、SW は支援内容を考えていかなければならない。たとえば、アキラさんの就労状況が現在と同じでそれがアキラさんの精一杯ということであれば、一人暮らしができる収入ではない。そうしたアキラさんの働く力や生きる力をアセスメントしたうえで、SW は障害年金の申請についてアキラさんに話をしようと考えている。

　実家を出てグループホームに入ったり一人暮らしをするようになっても、親から仕送りを受けて生活していると、そのことを本人が気にしていたり、親もなんとなく口を出し続けたりして、自立を阻んでしまう。

　「親からの経済的自立」を果たすためには、本人が就労するか、働くことが難しいときには障害年金や生活保護などの社会保障制度を利用することで、親に経済的に頼らないで済む。親への負い目から自由になることができ、精神的にも少しずつ自立していくことができるのである。

制度をフル活用して自立を支援する

　自立とは、誰にも何にも頼らないということではない。日常生活面で、たとえば身体などに不自由な部分があって、介助がないとトイレや入浴ができない人が、さまざまな福祉サービスを使ってそれができ、一人暮らしをしていれば、それは自立した生活だといえる。そして、その福祉サービスはできれば本人の意思で選んで利用したい。こうした考え方は、障害者福祉ではもはや当たり前の理念である。

　生活保護や障害年金などの社会保障制度で経済基盤を整え、デイケアや就労継続支援事業所、ホームヘルプ、訪問看護などの医療や福祉

制度、さらには金銭管理をしてくれる制度や宅配弁当など、さまざまな制度をフル活用したらいい。そうすることで、親元から離れて一人で暮らし、精神的にも安定した生活を送ることができれば、その人は、「親から自立している」。

　心のケアが必要な若者本人も親も、「自立など無理だ」とあきらめてしまっている人が多いので、このような考え方を本人や家族に伝えていくことは、SW の使命でもある。そして、そのような自立した生活を送れるように制度を紹介し支援していくことが、SW の重要な役割である。

7-5 CHAPTER 7

「SW 離れ」への道筋

　手を差しのべる。受けとめる。抱え込む。一緒に乗り越える。見守る。巣立ちを促す──。

　思春期・青年期の若者への支援は、結局のところ、このような過程を経て自立へと促していくのだと筆者は考えている。すべての過程がそれぞれに難しいが、一番難しいのは巣立ちを促すこと、SW からも自立していくことかもしれない。

　「いざとなったらいるけれど、ふだんはいない」。クライエントにとって、SW は最終的にそのような存在になっていければよいと思う。

　自立への最後の支援とは、クライエントが「SW 離れ」をしていけるように道筋をつけていくことであろう。

「巣立ち」に向けて背中を押す

　あなたが所属している医療機関や地域の事業所などに、若い頃から利用していて、「力がありそうなのに"卒業"できない」「次のステップに行けそうなのに行けない」という状態でいつのまにか長期利用になってしまっているクライエントはいないだろうか。最近は国の施策もあり、どのような機関も長期の利用はしづらい仕組みになりつつあるが、それでも援助者側がよほど意識していないと、長期になってしまう人は今後もいるだろう。「巣立ち」はそれほど難しい。

　第2章で、SW との援助関係の終結について述べた。多くの若者は成長・発達する過程で自然と SW のもとから巣立っていく。しかし、なかなかそれができない若者がいる。SW が働きかけて手を差しのべ、

本人を家から引っ張り出し、親からも引き離す。本来ならば、SW は
クライエントに対して押しつけることなく引いて待ち、そっとかかわ
るべきであるが、若者の場合は、本人が心を開いてくれるまで、「あ
なたをずっと見守っていますよ」と SW の存在をアピールする時期
もあっただろう。クライエントの人生に踏み込んで、SW は本人を一
度は抱え込んで二者関係をつくったわけなので、本人の「SW 離れ」
が難しいのは無理もない面もある。

　しかし、いつまでも SW が本人を抱え込んでいるわけにはいかない。
主治医の診察も、症状が落ち着くにつれ、頻度が少なくなる。心のケ
アが必要になった若者が、人生の一番つらい時期に SW を頼りにし
ても、回復していくにつれ、SW はちょっとした心の支え、何かあっ
たときに思い出す程度の存在にしていってほしい。若者に、「SW が
いなければ、自分は不安で仕方ない。何もできない」などとは、決し
て思わせてはならない。

　クライエントの「SW 離れ」とは、子どもが親離れをしていくよう
なものである。ただし、親はいつになっても何があっても親であるこ
とに変わりはないのに対し、SW ら援助者はそうではない。援助関係
が終われば関係性も終結する。そのあたりの不安感が、クライエント
の「SW 離れ」の難しさにつながっているのだろう。

　若者の支援は長いスパンで見守るべきと第2章で述べた。これも長
ければよいというものではなく、関係性が長くなればなるほど、援助
が難しくなることもある。クライエントの SW への依存が激しくな
るからである。そのため、巣立ちに向けては、厳しく突き放すような
対応がときには必要になる。筆者は、関係性が長くなったクライエン
トに対しては、いつも怒ってばかりいるような気がする。

　無理に巣立たせなくてもよいのではないかとの意見もあるだろう。
たしかに、クライエントの病状によっては人生における長い期間を医
療・福祉のサポートを受けながら生きる人もいる。医師の診察だけは

ずっと続くという人も多いだろう。定期診察のみで安定し、その人らしい日常生活が送れているならば問題ない。そうではなく、支援体制から「巣立てそうなのに、巣立てない」状態の若者がいる。その理由は、不安やストレス耐性の低さなどさまざまで、SW ら援助者から離れる不安の強さが原因の人や、あと一歩のところで尻込みしてしまう人もいる。こうした人の場合、SW が心を鬼にして背中を押すことが本人のためになることもあるのである。

役割が終わったら存在感を消す

巣立っていった人に対しては、どんなに気になっても、SW 側からは連絡しないのが基本である。たとえば、街中などで以前のクライエントを偶然見かけることがあっても、筆者は自分からは声をかけたりはしない。本人の中では、「もう終わったこと」になっているかもしれないからであり、本来は SW の存在など忘れてくれたほうがよいのである。本人から声をかけられたときには、もちろん対応する。

SW は SW であるかぎり、クライエントの家族にも友人にもなれない。二者関係を深めたときに、転移・逆転移関係になることもあるかもしれないが、それをも乗り越えて巣立っていった先に若者の自立がある。

SW は、しだいに存在感を消していかなければならない。SW だけでなく、専門家は一定の役割を終えたら、クライエントの人生からは退場すべきなのである。

事例
〜状況別ケース対応

「この相談、そちらであってますか」と不安そうな母親から電話が入った

10歳女子。「(学芸会の出し物の演劇で)失敗してしまった。恥ずかしいから誰にも会いたくない」と言って学校に行かなくなった。元々快活で友達も多く、男子とも遊ぶほど元気だったのに、自室にひきこもるか、家の中で不安そうに母親の後をずっとついて回る。「娘は何か  病気なのだろうか」と母親は不安になったが、誰に相談したらよいのかわからない。まずは病院に問い合わせてみようと自宅から通えそうな精神科を調べ、「この相談、そちらであってますか」と電話をかけた。

学齢期に相談できる他の機関を紹介し、精神科受診が必要な際は再度電話できるよう SW の名も伝えた

対応の流れ

精神科病院のソーシャルワーカー（SW）は、母親がとても混乱して不安そうだったので、①まずは安心してもらおうと考えた。「娘さんの様子が急に変わってご不安なんですね。お話をちゃんとうかがいますから、少し質問もさせてくださいね」と母親を受容した。②まとまらない母親の話をなぞりながら話を進めたり質問をはさんだりして、女子の様子を丁寧に聴いていった。

元々の性格、変わった点、変わったきっかけ、このようなことは今回が初めてなのか。友達関係、学校での様子や成績、家族関係と家での様子、食欲や睡眠など体調面、生活リズム。自室で何をして過ごしているのか。暴力や自傷行為といった家族が対応に困ることはあるのか。誰かに相談したことはあるか……。

事例

こうしたことを聴いたうえで、SW は以下のように母親に伝えた。

——③娘さんは思春期の入り口に立ったところです。体が女性らしくなっていくだけでなく、感情の出し方なども変わってきます。羞恥心が強くなったり自意識が高くなったりして、男子のことを意識して楽しく遊べなくなることもあります。学校に行けなくなったことや不安そうにしている様子は心配ですが、家族と一緒に食事ができたり、訪ねてきてくれた友達とは普通に話せているとのことだから、その点は安心です。娘さんの気持ちをもう少し聴いてみたほうがよいと思いますが、本人も自分の気持ちがよくわからなかったり、うまく言語化できない場合もあります。

思春期特有の気持ちの揺れなのかもしれないし、④家で暴力や自傷行為もないとのことなら、いきなり精神科を受診しなくてもよいと思います。小学校にはスクールカウンセラーやスクールソーシャルワーカーという専門家がいるので、まずはそこで相談してみてはどうでしょうか。あるいは、お住まいの自治体に⑤教育相談所や子ども家庭支援センターといった部署があり、専門家がいて相談にも乗ってくれます。

まずはそうした場で娘さんが相談できればいいと思いますし、精神科受診が必要なときは、そう助言もしてくれるはずです。そのときは私あてにもう一度お電話をください——。

そのように説明し、最後に再び⑥SW の名前を伝えて電話を切った。

かかわりのポイント

低年齢であればあるほど、明らかな精神疾患の症状があったり、自傷他害の行為がない場合は、いきなり精神科受診でなく他の選択肢も検討したほうがよい。相談電話をかけてくる家族の多くは混乱しているので、まずは受容し、必要な情報を聴いていく①②。聴き取った内容から SW が見立てたことをわかりやすく伝え③④、必要に応じて他の機関を紹介する⑤。その際、電話を受けた SW の名前を伝え⑥、再び精神科病院に相談しやすいように保証しておくことがポイントである。

事例

Case 2

受診を勧めると暴れる息子。
「どうしたらいいですか」と母親が
相談に来た

20 歳男性。父親は海外赴任中で母親と二人暮らし。高校中退後ひきこもり、時々自室で大声を出したり壁を殴って穴を開けたり破壊行為が続いていた。食事のときはリビングに出てくるが、独り言が多く母親が話しかけても意味がわからない言葉が返ってくることもあった。ス

トレスからくる精神的な病気ではないかと母親は心配し、受診を勧めると、男性は拒否してさらに暴れた。困った母親は保健所に精神保健相談の窓口があることを調べて相談に行った。

入院日を病院と調整し、嫌がる本人を関係者皆で促して
病院に連れていった

対応の流れ

　母親から男性の様子を聴いた保健所の職員（SW）は、①男性は統合失調症を発症している可能性があるので精神科受診をしたほうがよいが、本人が拒否しているので②自発的な受診は難しそうだと見立てた。そして、③まずは訪問させてもらった。息子は部屋から出てこず静かだったが、母親の話やリビングの破壊された家具の様子などから、やはり精神科の入院治療が必要だろうと見立てた。そのため、④精神科病院に入院相談をすること、精神保健福祉センターなど関係各機関に連絡することの了承を母親から得た。

　SW は、近くの⑤精神科病院に入院相談をした。病院相談室のソーシャルワーカーに男性の状態を伝え、外来だけでなく即日、⑥医療保護入院

事例

（強制入院）となる可能性が高いので、ベッドを空けておいてほしいと依頼し、病院は男性の入院を受け入れる日程調整をした。

　どうやって男性を病院に連れて行くかということが一番の難題であった。父親も一時帰国することになり、さらに保健所と精神保健福祉センターの職員が複数で自宅を訪問し、大人数で息子を説得して病院に連れて行こうということになった。

　当日、男性はSWらの訪問に怒り、自室にこもって怒鳴っていたので、父親に「母さんも歳を取ってきたし、将来のことを考えるとおまえには元気でいてもらいたいんだよ。父さんが日本にいるうちに一緒に病院に行こう」などと説得してもらった。それでも部屋から出てこなかったので、ドアを開けると、男性は頭を抱えてベッドにうずくまっていた。父親から男性に話しかけてもらい、SWらで促して⑦<u>男性を車に乗せて病院まで連れて行った</u>。

　病院に着くと、車から降りるのを男性は渋ったが、病院の職員も出てきてくれて、なんとか男性を診察室に連れていった。精神保健指定医の診察の結果、入院治療が必要だと判断された。本人が入院を拒否したため、父親が同意者となり医療保護入院が決まった。

　男性は、無理やり入院させられたことを当初は怒っていたが、投薬などの治療が始まるとどんどん落ち着いていった。SWが面会に行くと、「集中力がなくなって変な声も聴こえてきて実は不快だった。最近は以前のように集中して考えることができるようになった。受診してよかったと思っているが、そろそろ退院したい」などと話した。

かかわりのポイント

　精神科の受診が必要だと家族ら周囲が思っても、本人が嫌がったらどうしたらよいのか。年代を問わず難しい問題である。保健所など公的機関は未治療者への訪問ができるので、本人に会えなくても訪問し、やはり入院が必要だと見立てたら①②③、強制入院してもらう日程を病院側と決めて動くことが多い④⑤⑥⑦。入院を嫌がったり怒ったりする人は多いが、治療して回復すると、「入院してよかった」と冷静に振り返ることができる人もいる。

事例

▶ 参照 2-1　二者関係の構築

「大好き」とベッタリしたり「大嫌い」 と突き放したりして職員を振り回す

17 歳女性。両親から虐待を受け児童養護施設で育ち、愛着障害と診断された。誰にでも無警戒に近寄って甘えるなど適切な距離が取れない。すぐ抱きつくなど身体的にも接触を求める。向き合って真剣な話を聴こうとしても表面的なことしか話さない。ほかの職員の悪口を言い、
「でも〇〇さん（話している相手）のことは大好き」と言ったりする。そのような態度をたしなめると豹変して「大嫌い」と突き放してくる。振り回されて疲れ切ってしまう職員もいた。不穏で精神科病院に入院してきたときも同じような態度だった。

言葉でのやりとりを心がけ、何を言われても態度を変えず、淡々と粘り強くかかわった

対応の流れ

精神科病院のソーシャルワーカー（SW）は、女性が入院するとすぐに挨拶に行き、「いろいろお話を聴かせてくださいね。相談にのりますからね」などと話しかけた。

次に会ったのは、たまたま病院の中庭を通ったときで、女性が駆け寄ってきて SW にいきなり抱きついた。SW は「わぁ、びっくりしました。どうしましたか。少しお話ししますか」などと話しながら①さりげなく女性の体を離し、隣に座っておしゃべりをはじめた。女性は話しながら、SW の手を取ってつないだので、「手をつなぐと安心できるんですね。お話しすることでも安心してくれたらいいなあと思います」などと話しながら、②女性の手を彼女の膝に戻して微笑んだ。

事例

ある日の面談では、女性は泣きそうな顔で今悩んでいることを話し、「こんなこと○○さん（SW）にしか話せません」と目をのぞき込んで言ってきた。SW は、「話してくれてありがとう。<u>③一緒に考えていきましょうね</u>」と言葉で返し、その後もこまめに話を聴くように心がけた。

　ある日、SW が手をつなぐなど身体にベッタリさせないことを怒った女性は、「大嫌い！おまえとはもう話さない。あっち行って！」と怒鳴った。SW は、「ベタベタするだけが仲良くなる方法じゃないと思うんですよ。私は○○さん（女性）のことが心配だし大切に思っているんですけどね」などと<u>④冷静に返し、その後も変わらず女性に話しかけに行き、一定の距離を保って淡々と接する態度を変えなかった</u>。

　女性の話は、入院が嫌だとかあの職員が嫌いだといった愚痴が多く、今後の生活について一緒に考えましょうと SW が促しても、真剣な話は嫌がり、他の職員のところにいつも逃げていった。それでも<u>⑤SW はひるまず、定期的に女性に話しかけに行った</u>。

　しばらくすると、女性は他の職員には相変わらずベッタリしていたものの、何か困ったことがあるときは SW に面接希望をして、少しずつ頼って話すようになった。

かかわりのポイント

　「ベッタリ甘えて味方にしようとする」「敵とみなしたら攻撃する」といった極端な態度を取る人は子どもの施設では多く、振り回されて疲れてしまう職員もいる。かかわり方の基本としては、子どもから大人になる過程でボディタッチから言葉での相談に変えていくほうがよい①②。「ベタベタしなくても真剣に話を聴く大人がいる」「自分の気持ちは言葉で伝えていけるようにする」とわかってもらえるように、何を言われても態度を変えずに淡々と粘り強くかかわり続ける③④⑤。こうした対応は、子どもの施設でも有効である。

219

事例

まるで昔の自分のような事情を抱える人がクライエントとして現れた

　18 歳女性。高校中退後ひきこもり。不仲な両親に取り合いされるように育った。家庭内が常に落ち着かない状態で両親の間を取り持つような役割を担い、精神的に疲れ切って自殺未遂したことを機に精神科病院に入院した。病院相談室のソーシャルワーカー（SW）は、女性の生育歴を読んで自分と似ているなと感じた。SW 自身も同じように家族内での葛藤を抱えていて、大学卒業後に家を出ることで家族と適切な距離を取ることができるようになっていた。SW は女性の悩みを人ごとと思えず驚いた。

ケース検討会を経て自己覚知し、強みを活かす現実的な助言を行うかかわり方に変えた

対応の流れ

　SW は、受容と共感でやさしくかかわった。女性はすぐに心を開き、これまで悩んでいたことを話すようになった。女性の悩みを深く聴くにつれ、[①]SW 自身が抱えている事情とそっくりであることに気づいた。「彼女は昔の私のようだな」と感じつつ、傾聴し、家族とのかかわり方について助言をし、「早く元気になってほしい。そのために私もがんばろう」などと思っていた。

　ある日、女性が泣きながら「私の苦しさを親が理解してくれない」と訴えてきた。SW は気の毒で仕方がないと感じ、女性の家族に対して怒りのような感情が湧いてきた。そして、自分自身が[②]女性に対して強い思い入れを抱いていることを自覚し、「逆転移しているかもしれない」

事例

220

と感じた。SW は、女性に巻き込まれてしまって冷静に対応できなくなるのではないかと心配になり悩み、③今後のかかわり方について相談室内のケース検討会で話し合った。

　検討会では、先輩 SW や同僚からさまざまな質問を受け、真剣に考え答えるうちに、「私は家族関係がごちゃごちゃしていて本人はひたむきにがんばっているタイプの人に自分を重ね、逆転移しやすい」という、④自分自身の傾向がわかり、自己覚知することができた。

　先輩 SW からは以下の助言をもらった。

　逆転移は必ずしも悪いものではなく、援助者としていつでも起こり得る。大切なことは、逆転移しているということに自覚的であること。そういう自分の感情を見ないふりをしてかかわり続けると、冷静に対応できずクライエントに自分の考えを押し付けそうになるなど非常に危険である……等。

　SW は、これらの助言を肝に銘じ、⑤女性の人生と自分の人生を重ねないように、また自分の価値観を押し付けないように、精神的な距離感を考えながらかかわるようにした。

　具体的には、女性が話すままに家族関係の悩みを傾聴するだけではなく、まだ 10 代の女性に視野を広げてほしいと考え、さまざまな価値観を伝えたり、⑥女性が好きなこと、好きな本や音楽の話を積極的に聴いたりして、女性の興味関心を広げられるように努めた。それは、女性が今後生きていくための希望となる現実的で楽しい話、強みを活かす話をすることにつながり、女性はますます SW を信頼するようになった。

かかわりのポイント

　職種を問わず援助者は、クライエントに強い思い入れを抱くなど逆転移することがある。それを自覚できるように自分の感情に敏感になっておく①②ことが重要になる。そのうえで、ケース検討会などの場で、クライエントとの関係性について客観的な意見をもらい、自己覚知ができるとよい③④。ケースとのかかわり方を通して「自分自身のありようを振り返る場」となる。逆転移を自覚した後は、クライエントの悩みをいたずらに傾聴するのではなく、現実的な助言を提案していくことで巻き込まれは防ぐことができる⑤⑥。

事例

「おまえのせいで具合が悪くなった」としつこく言われ苦しくなった

24歳女性。近隣の苦情をきっかけに保健所がかかわり精神科病院に強制入院した。女性は入院当初は病院ソーシャルワーカー（SW）を何かと頼り信頼を寄せているように見えた。投薬治療等で症状が改善し、女性と主治医、SW、地域の支援者らで話し合ってアパートを新たに借りて退院する方針となった。ところ

が、女性は退院の日が近づくと「本当はアパートを契約したくなかった」「おまえのせいで具合が悪くなった」等、SW に攻撃的なことをしつこく言うようになり、SW は苦しくなってしまった。

「陰性感情」をケース検討会で自覚し、つぶれないように距離を取って主治医とも共有した

対応の流れ

SW は、女性が被害的な考え方をする人だと見立てていた。そのため、本人が納得するまで数多くのアパートを見て、女性自身で決めてもらうなど慎重に対応していた。それでも女性は、毎日のように面接を希望し、SW に八つ当たりのような愚痴も含めてねちねちとクレームや攻撃的なことを言ってくるようになった。SW は退院の準備を進める必要があったため、面接希望を断れなかった。

SW はこれまでの経験から、「女性は退院が近づいて不安なのだ」と頭ではわかっていたので、傾聴したり、女性の認識が間違っているときには訂正したり反論するなど工夫していたが、まったく効果はなく、攻撃は延々と続いた。そのため気が滅入り、自信もなくしかけ、とても苦

事例

222

しくなってしまったので、①SW のケース検討会で相談した。そこでさまざまな意見や助言を得て、以下のことを自己覚知した。

女性には頼れる身寄りがなく、高校卒業後は一人暮らしをして働いてがんばってきたという生活歴があった。そのような状況で精神疾患を発症し、近隣の苦情からこれまで住んでいた家も入院中に引き払うことになった。こうした状況に対し、SW は「どれほど心細いだろうか。自分がなんとかしなければ」と思い入れを強くしていた。そのため、いわれのない攻撃的な言動も「退院の不安からきていることだから傾聴しなければならない」と無理をして聴いていた。そのうちに、女性に対し陰性感情を抱くようになっていた。

②陰性感情を抱くこと自体は対人援助をしていると起こり得るので、自分を責めるのではなく、自覚したうえでかかわる。③自分がつぶれてしまわないように、面接の回数を減らすなど物理的に距離を取る。援助者に対して何を言ってもよいわけではないという当たり前のことをわかってもらえるように、「④そういうきついことを言われ続けると私も苦しくて、一緒に動いていくことが難しくなります」と正直に伝える——ことなどを心がけるようにした。

さらに、この女性は今後も不安が高まるたびに攻撃的な態度が身近な人に出る可能性もあり、治療上でも重要なことなので、⑤主治医や関係者とも共有しておくことにした。

かかわりのポイント

対人援助の仕事をしていると、クライエントからしつこく攻撃されることがある。援助者への一種の甘えとも取れるが、援助者が疲弊してつぶれそうになり、かかわりに支障をきたすことがある。そのようなときは、ケース検討会等で相談し、客観的な見立てをしてもらうとよい①。陰性感情を自覚したら②、クライエントに正直な気持ちを伝えて距離を取る③④ことも有効である。今後の治療や支援方針にもかかわるため、主治医や関係者とも共有する⑤のがよい。

職員への暴言や粗暴行為があり
他の利用者が怖がっている

25 歳男性。激しい家庭内暴力で家族にけがを負わせて精神科病院に措置入院。自宅には帰れない、暴力は家族以外に出ないとの申し送りで、退院後はグループホームに入居し、一人暮らしの練習をすることになった。発達障害の特徴もあり、衝動性が高く激高しやすいと入居後わかり、職員は慎重にかかわっていた。グループホームでの生活に慣れてく

ると、職員に暴言を吐いたり、イライラすると自室の壁を蹴ったりした。職員は冷静に対応していたが、他の利用者が怖がってしまった。

激高しない対策を本人と考え、主治医や関係者とも話し合い、最終的に限界設定をした

対応の流れ

グループホームの担当職員（SW）は、男性と何度も面接し、①どのようなときにイライラするのかを問い、男性が穏やかに過ごせるように一緒に考えていこうとした。「きっかけは自分でもよくわからない。疲れているときや周囲がうるさいときはイライラしやすい」と男性は言った。また、SW ら職員と関係性ができてくるにつれ、乱暴な言動をするようになった一方で、SW に甘えるようなことも言えるようになってきた。「せっかく本音が出せるようになってきたのだから、この関係性を大切にしながらかかわっていきたい」と SW は思った。

しかし、グループホームでは夕食会など利用者が集まる場があり、そこで男性が職員に乱暴な物言いをすると、他の利用者は怖がっていたし、

事例

隣の部屋の人からは「うるさくて眠れない」とクレームがきた。

　男性にも他の利用者にも安心安全な住まいを提供するためにはどうしたらよいのか。SW は悩み、②職員間で何度も話し合った。

　そして、③男性に、イライラしたときは職員に声をかけること、処方されている頓服を飲むこと、外に出て散歩するなど気分転換をすること……などを助言した。

　SW は外来診察に同行して④主治医にも相談し、男性のイライラが抑えられないときには休息入院もしてもらった。それでも、男性の衝動的な暴言や粗暴行為を止めることは難しかった。そこで、⑤関係者でカンファレンスを開いて話し合った。

　入居から 2 年が経ち、何度目かの入院から退院するときに、SW は男性に次のように話して限界設定を伝えた。

「あなたがイライラしてつらいのは本当に気の毒だと思うけど、大声を出されると他の人たちが怖がって眠れなくなったりします。ここは集団生活の場だから、他の人への影響も考えてほしい。私たち職員も協力するけれど、⑥あなたが大声を出したり壁を蹴ったりすることを止められないのであれば、グループホームを卒業して一人暮らしを検討してもらうしかありません」

　約束事を守れなければ退去との方針を SW からはっきり言われ、男性はショックを受けてしばらく荒れた。一方で、主治医や通所先の職員らに今後のことを自ら相談していった。そして最終的に、「ここにもっと居たい気持ちがあるけど、ここに居たら職員さんに甘えて自分を抑えることができなくなるから卒業します」と、自分で退去を決めた。

かかわりのポイント

　入所施設では、利用者の他害行為に最も苦労する。直接的な暴力がなくても、暴言や粗暴行為で他の利用者は怖い思いをする。施設は利用者に安心安全な住まいを提供することが目的の大きな一つであり、それが他の利用者によって脅かされることは避けたい。しかし、この男性にも安心安全な住まいは必要であり、誰を優先するのかということに職員は悩むことになる①②。本人だけでなく主治医や関係者と話し合いを重ねることが重要で③④⑤、限界設定による退去勧告は最終手段である⑥。

事例

「さっき切りました」とリストカット痕だらけの腕を見せてくれた

　19 歳女性。中学生の頃からひそかにリストカットを始めた。高校受験前に家族に見つかり精神科病院を受診するようになった。家族に反発してはリストカットをくり返し、手首から肘の上までびっしり痕がある。家族と距離を取るため時々入院していたこともあり、また本人の希望もあり、実家を出てグループホームに入居した。2 か月経ったが、慣れないためかおとなしく、用事がないかぎり職員（SW）にほとんど話しかけてこない。ある日、SW が女性に世間話をしている最中に、ふと「実はさっき切りました」と表情も変えずに腕を見せた。

話してくれたことをほめ、軟膏を塗って傷の手当をしてから話を聴いた

対応の流れ

　女性は何かストレスを感じるとリストカットをするようだったが、切ったことを SW に話したのは初めてだった。

　SW は、①「教えてくれてありがとうね」と、まず話してくれたことをほめた。そして「心配だから傷口を見せてもらってもいいですか」と言うと、女性が袖をまくって見せてくれた。

　腕にはびっしりとリストカットの古い傷痕があった。どれが新しい傷なのかわからないくらい浅かったが、うっすら血がにじんでいる箇所があった。SW は消毒するほどの傷ではないと思いつつも、「痛そうですね。念のため消毒しましょうね」と、②グループホームに常備してある市販

事例

の消毒液で消毒したあと、「傷口がヒリヒリすると思うからこれ塗っておきましょうか」とやさしく語りかけた。女性は黙ってうなずいたので、市販の軟膏を傷口にそっと塗った。

傷の手当が終わってから、③SWは女性に尋ねてみた。「何か嫌なこととかあったんですか?」

女性は「んー、特に(何もない)。だるくて」と、自分の気持ちをうまく言語化できないようであった。

SWは、④この時点ではそれ以上はリストカットの理由を尋ねないことにした。そして「何か甘いものを飲みませんか」と女性に温かいココアを入れた。グループホームには、気持ちを落ち着かせるためのアイテムとして、ココアやコーンスープなど甘い飲み物、温かい飲み物を常備してあった。

二人でココアを一緒に飲みながら、好きな食べ物は何ですか、食事はどこで買うことが多いのですかなど、⑤他愛ない話を淡々と続けた。

そのうち、女性は「死にたいわけではないけど生きる気力がない」「腕を切ると、痛みや血を見てスッとする」「傷口はいつも放置している」などと、ぽつりぽつりと自分の気持ちを話してくれた。

かかわりのポイント

リストカットなどの自傷行為は「言葉にできないSOS」ととらえ、絶対に無視はしない。かといって、大げさに騒いだり怒ったりもせずに必要な手当をしたりいつものように話すことを心がける。そうすることで、「あなたのことを気にかけている」との気持ちが相手に伝わり、少しずつ信頼関係を築いていける。まず、教えてくれたことをほめ①、傷の手当をし②、切った理由を尋ねても無理はさせず③④、いつもと変わらない他愛ない話を続ける⑤。このケースのように、結果として相手が心を開き、自傷するときの気持ちを話してくれることはよくある。

事例

「またやっちゃいました」と言いながら大量服薬での入院をくり返す

21歳女性。母親と強い葛藤関係にあり、リストカットや大量服薬（OD）などの自傷行為で精神科病院に入院をくり返していた。死ぬためではなく、「現実から逃げるために入院したい」という側面が大きいようだった。病院のソーシャルワーカー（SW）は、入院中も外来時  も面接を重ね、女性は自傷しそうになると病院に電話してしのぐなど少しずつ安定してきた。ある日、女性がまた OD をして救急車で病院に運ばれてきた。SW の顔を見ると「すみません。またやっちゃいました」と申し訳なさそうに言った。

自傷行為には必ず理由や背景があるので確認し、必要時には肯定して寄り添った

対応の流れ

SW は、ストレッチャーで運ばれてきた女性の弱々しい表情を見て、あれだけ心を開いて話をしてくれるようになり安定してきていたのに、またやってしまったのかと残念に思い、なんと声をかければよいのか戸惑ってしまった。

考えあぐねた SW は、まずは今回の①入院の経過、OD の理由の詳細を確認しようと主治医に話を聴きに行った。すると、女性が母親に対し初めて反旗を翻して言い返したというエピソードを聴いた。女性はずっと母親の言いなりになって生きてきたが、母親に反抗して自分の意見を初めてぶつけ、その自分の本気度を示したくて母親への当てつけとして薬を多く飲んだというのだ。

事例

話を聴いた SW は、「本人なりにとてもがんばった末の行動だということですね」と、②今回の OD の背景を主治医と共有し、今後も自分の意見を母親に言えるように女性を支持していこうとの支援方針を確認した。

　SW は翌日、薬が体から抜けてちゃんと話せるようになった女性のベッドサイドに会いに行った。そして、「よくがんばってお母さんに反抗しましたね」と、③OD したことを怒ったりせず、やさしく支持的に話すと、女性は「まさか OD をしてほめてもらえるとは思わなかった。気持ちをわかってくれて嬉しいです」と言って泣いた。SW は、「でも、④次は OD ではなく、違う方法で反抗しましょうね。あなたの体と心にダメージが少ない方法を一緒に考えていきましょう。そのためにまた話しましょう」などと話した。

　この一件で女性との信頼関係はさらに深まり、その後も SW は女性と面接を続け、少しずつ母親離れができていけるように支援していった。

かかわりのポイント

　OD やリストカットなどの自傷行為をくり返す人に対して、援助者は残念に思ったりうんざりすることがある。しかし、自傷には必ず何らかの理由がある。その理由を確認し①、背景を丁寧に聴いていくと、本人なりの生き延びるための知恵であったり意思表明だったりし②、ときにはその行為を肯定し寄り添うことが必要なときもある③。すると、本人との関係性が深まり、今後の方針を考えていける④。自傷行為を「やってはダメ」と怒ったり厳しく対応するだけでは解決には至らない。

事例

「死にたい……」と
深夜に電話をかけてきた

18歳女性。半年前まで両親、姉と四人暮らし。優秀な姉に劣等感を抱き、大量服薬などの自傷行為で精神科病院にくり返し入院。病院の紹介と本人の希望によりグループホームに入居した。外来で定時薬と頓服を処方されているが、自傷行為は続いている。ある日の夜11時過ぎ、グループホームの緊急用電話に電話が入った。泣いているようでなかなか話さなかったが、職員（SW）が声をかけ続けると、「死にたい。今から薬を全部飲む」とつぶやいた。

声かけしながら水や頓服を飲んでもらい、眠くなるまで話につき合い、明日の朝話す約束をした

対応の流れ

SW：苦しいんですねぇ。<u>①よく電話をくれましたね。少し話を聴いて力になれないかな、と思いますよ。どうしましたか？</u>

女性：（……）　　＊以降、女性の発言を省略

SW：それはしんどいですねぇ。もう少し詳しく聴きたいけれど、その前に何か飲みましょうか。水でもいいから飲むと少し落ち着きますよ。<u>②電話はこのままで、切らないでいるから、コップに水を汲んで少し飲んでみてください。</u>お茶でもジュースでもいいですよ。

……

SW：飲めましたか。えらいですね。何か甘い飲み物があったら、飲みながら話しましょうか。夕方の薬や眠剤は飲みましたか。……飲んでも眠れないんですね。つらいですね。じゃあ、追加で<u>③頓服を飲みましょうか</u>。飲んでから私と続きの話をしましょう。そしたら話しているうち

に眠くなるかもしれないですよ。電話はこのまま切らないで待っていますから、頓服をたくさんじゃなくて1錠だけ飲みましょう。
……

SW：飲めましたか。えらいですね。〇〇さんのつらい話をもっと聴きたいけれど、もうこんな時間だから、できれば明日の朝、会ってしっかり聴きたいです。今は④眠くなるまで少しおしゃべりしましょう。話す元気がないなら私が話しますよ。（今日の夕食は何を食べましたか、最近何か面白いテレビ番組や動画はありますか、など様子をうかがいながら他愛ないことをSWが話しかける）
……

SW：大丈夫ですか、眠くないですか。（10分おきくらいに聞く）
……

SW：（眠くなったと言わなくても30分ほど経ったら）こうやって話していたら〇〇さん眠れないから、⑤いったん電話を切ってみましょうか。30分我慢してみて、それでも眠れなければまた電話してきていいですから安心してくださいね。もし眠ることができたら、⑥明日の朝、ホームで話を聴かせてくださいね。では寝てみましょう。おやすみなさい。

　「死にたい」と言えば職員が来ると安易に思ってほしくないため、女性の居室に駆けつけるのは最終手段にしたいとSWは考えた。そのため、電話で落ち着いてもらうためにいろいろと工夫して対応した。その後、電話はかかってこなかったので、女性は眠れたと思われた。

　翌朝、SWはグループホームで女性の顔を見て無事を確認できた。

かかわりのポイント

　希死念慮の強い若者の場合、こうした電話を受けることがままある。まずは電話をくれたことをねぎらう①。「死にたい」と思い詰めたパニック様のときは頓服すら飲めないものなので、電話を切らずに待っていると安心感を保証したうえで水を飲むことを促す②。水を飲んで身体感覚に意識が向くと頓服を飲めるようになるので③、頓服の効果が出て眠くなるまで会話をつなぐ④。電話を切るときはまたかけてきてもよいと保証し⑤、明日の朝話す約束をすることで相手はさらに安心する⑥。こうした工夫を重ね、電話でも危機的な状況を乗り切ることができる。

時間がまったくないときに、いつもの人が泣きながらノックしてきた

20 歳女性。軽度知的障害があり、不安が強く面接や電話が頻繁にくる。大量服薬や洗剤を飲むなど激しい自傷行為で精神科病院に数回入院している。外来も毎週あり、約束していなくても相談室のソーシャルワーカー（SW）を訪ねてくることが多い。自傷行為が心配で母親が
過干渉となり、しかし何か言われれば言われるほど自傷するという悪循環になっていて、SW は母親とも時々面接をしていた。ある日の夕方、SW が業務に追われているとき、女性が泣きながら相談室を訪ねてきて言った。「いま話せますか」

「必ず話を聴くから 30 分待てますか」と具体的な待ち時間を伝え、あとで面接した

対応の流れ

SW が相談室のドアのところまで行き、「どうしましたか」と声をかけると、女性は「家に帰りたくない」と言った。涙はほとんど止まっていたが、困った表情をしていた。

時刻は午後 4 時前。SW は今から他の人との面接があった。この女性の話は数分の立ち話で終わらないこともわかっていたので、今この場で少しだけ話を聴くということは無理だった。しかし、「今日は話す時間はないんです」と謝って不穏なまま自宅に帰すと、また自傷行為をしそうでリスクが高い、①少しでも話を聴いたほうがよい、と瞬時に見立てた。とはいえ、4 時からの面接の後も、5 時までに役所に電話しなければいけないなど業務が立て込んでいた。

SW は頭の中でスケジュールを素早く確認し、「今は時間がないのですが、^②必ず話を聴くから 30 分待てますか？ あまり時間はつくれませんが少しだけ話を聴きます。外来で待っていてもいいし、近くを散歩してきてもいいです。^③待てなければ帰ってもいいですよ。そのときは帰宅してから電話をくれたら話を聴きますよ」と伝えた。女性は「外来でスマホ見ながら待ってます」とのことだった。

30 分後の 4 時半、SW が女性を呼びに外来待合室に行ったとき、女性は泣き止んでさっきよりは落ち着いていた。「母親と話していると、私のことを全然わかってくれないからイライラして死にたくなる」「でも入院は嫌」などと話した。SW はそれから約 20 分間、女性の話を聴き、少し落ち着いたように見えたので、^④「来週また話しましょう」と、次の面接日時を約束して話を終えようとした。しかし、「家に帰ったらまた死にたくなる」と女性は未だ不安そうだった。

SW は、^⑤「帰宅して死にたい気持ちになったら、病院に電話して私を呼び出してください。私が不在だったら当直の医師に話してください。そして来週の面接まで待てないなら、明日の朝、病院に電話をください。^⑥明日また私と話しましょう。だから今日は死んではダメです」とはっきりと伝えた。来週の面接の約束、待てなければ明日電話をしてくる、と再度確認し、「また話しましょう。待っています」と念押しして帰ってもらった。

その日はもう連絡がなかった。

かかわりのポイント

時間がないときに緊急を要する相談が入るのは対人援助業務の常である。このようなときは、後日に回せるかどうかの見立て、「かかわりのトリアージ」を行う_①。今は無理でもその日のうちに少しでも話を聴いたほうがよいと見立てたときは、待ち時間を具体的に伝えると待つことができる人が多い_②。待てないと言った人に対しては別の提案をする_③。不穏な人の面接を終えるときは怖いものだが、次の約束や緊急時の連絡先などを明確に伝え、「次に会う約束」をお守り代わりに過ごしてもらえるようにする_{④⑤⑥}のがポイントである。

事例

「ひきこもって 10 年」というものの誰も困っていない

26 歳男性。高校入学後すぐに不登校になり、中退して 16 歳から 10 年間ひきこもっている。両親と三人暮らし。近所に買い物に行ったり趣味のために出かけたりすることはできる。イライラすることはあるが暴力的になるわけではなく、自己嫌悪で落ち込むタイプ。将来に不安を感じ、母親とともに精神科病院を

受診し「今の状態を何とかしたい」と訴えた。母親は「育て方が悪かったのか」と自分を責め、家計の範囲で男性に小遣いを与え続けたので、男性は生活に困っていなかった。

本人の世話を丸ごとするのをやめられるように、親との定期面接を導入した

対応の流れ

主治医から依頼を受けた病院ソーシャルワーカー（SW）が面接すると、男性は現状に焦りを感じていた。「自分も早く働いて一人前になりたい」と希望を口にした。ひきこもり期間が長く、不安が強く、人と話すことが極度に苦手なため、一般就労は程遠かったし、①福祉的就労もすぐには無理そうだと SW は見立てた。「働く練習をするために、まずは朝起きて家を出て、他者がいる場で過ごせるようになる」ことを目標にして、②病院併設のデイケアに通うことを提案し、一緒に見学した。男性は「週 5 日通います」と意欲的に表明したものの、参加したのは初日のみで続かなかった。その後の面接の際、男性は「デイケアは自分に合わない気がする」と言った。

そこで、SW は、③男性が少しでも家から出る機会を作るために、外来診察日とは別の日に定期面接をすることにした。そして、「週２回でいいからデイケアに参加してみませんか。嫌でもまずは来てみて、その場にいるのがつらければスタッフと過ごしていればいいですよ」と、④具体的な助言をしたがだめだった。

SW は次に、⑤母親と面接をした。家での男性の様子などを聴くと、母親は小遣いを与えるだけでなく、食事や洗濯など男性の身の回りの世話をすべてやっていた。

また、男性が「強くなりたい。格闘技を習いたい」と言い始めたそうで、「息子がやりたがることはやらせてあげたい」と、父親とも話し合って費用を出すつもりとのことだった。これまでも、パソコン教室やジムに通いたいと言っては親がお金を出し、しかしほとんど参加せずに費用が無駄になった経緯があった。

母親は、「自分たちが死んだらこの子はどうなるのでしょう」と言うものの切迫感はなく、息子のために何でもやってあげることがよいと思っているかのようだった。

SW は母親に対し、自分たちを責めて男性に何でもしてあげる対応を続けていると男性は外に出ようとはしない。⑥今の状態をどうにかしたいのであれば、まずは両親が男性の面倒を丸ごとみるのをやめる覚悟をもつ必要がある。グループホームを利用して家から出てもらうことを検討してみてもよいし、お小遣いをあげ続けたり習い事の費用を出したりするのも考え直したほうがよい……等の助言をし、⑦母親とも定期面接をすることにした。

かかわりのポイント

本人は、不安はあるものの親が全面的に面倒をみてくれているので実は困っていない。親は、本人のことを心配だと言いつつお金がある今はあまり困っていない。家庭内で誰も本当には困っていないから、状況が変わらないという、「ひきこもり」にはよくある状況だった。男性にいろいろアプローチしたがだめだった①②③④ので、男性が変わるためには、親のかかわり方をまず変えて、男性が自立をするしかないと思えるような促しを側面から行う必要があると考え⑤⑥、親面接を重視した⑦。

「母さんが〇〇さんとは話すなって言う」とうなだれた

17歳男性。両親は離婚し母親と二人暮らし。高校中退後にひきこもり、将来を悲観して自殺未遂したのを機に精神科病院につながった。病院ソーシャルワーカー（SW）も定期面接をし、将来のことを一緒に考えた。男性は復調して高校に復学、卒業して進学も決まったが、男性が不調になるきっかけはいつも母親だった。ある日、男性は「母さんが毎日のように〇〇さん（SW）の悪口を言って、あいつとは話すなって言う。新しいお母さんができてよかったわね、なんて嫌味も言われた。めんどくさい」とうなだれた。

「親以外の価値観を知り、適度な距離を取って生きましょう」と親離れを促した

対応の流れ

SWは、①母親は息子である男性を取られたような気がして寂しいのだろう、SWに嫉妬をしているのだと考えた。思春期・青年期には、成長の過程で親以外の人の意見を取り入れて社会性を身につけていくものであるし、男性が母親を嫌いになっているわけではない、といったことを説明し、誤解を解こうと思った。

そこで、②男性に了解を取って母親に電話をし、会って話したいと伝えたが、母親はSWに嫌味を言ったり罵倒したりするだけで、来院にも訪問にも応じてくれなかった。

その後、男性は母親のSWへの態度を知ってストレスを抱え、再び具合が悪くなった。しかし、臨時で面接に来ると、「母さんは悪くない。

俺が弱いだけ」と、泣きながら母親をかばうように話し、この母子の関係性の難しさを感じた。

SW は、以下のように話した。

——あなたは親以外の価値観もそろそろ知っていく時期だから、③このまま私との面接は続けて、いろいろな価値観や考え方を知り、母親の意見ではなく自分自身の意見を持てるようになっていきましょう。母親があなたのことを大切に思っていることは本当だけど、それでも母親の話は聞き流したり距離を取ったほうがよいときもあります。家族だからこそ遠慮なく嫌なことを言ってくるときもあるし、親だって間違えることはあるからです。自分より長く生きている親の考え方を変えるのは無理だと思ったほうがいいです。進学も決まったし、④あなたの世界はまた広がる。あなたは母親に縛られないで、自分の人生を自由に生きていけばいい。それが親離れであり、母親は子離れをする必要があるのです——。

その後も男性との面接は継続していった。⑤男性が大人になっていく過程に寄り添い、母親と適度な距離を取って生きていけるように支援を続けた。

かかわりのポイント

母子が密着し、子どものほうが親離れをしようと思っても、子離れできない母親が足を引っ張ることはよくある。子どもの側は何か困ったことがあるから援助者につながったわけだが、親、特に母親は、子どもの状況がよくなったにもかかわらず、援助者に嫉妬することがある①。親自身が不安定で親支援が必要でも、面接を拒む親もいる②。生きている年数が長い親のほうの価値観や考え方を変えようとするのは難しいため、子どものほうが上手に親から離れていけるように支援したほうがよいし、そのことを本人にも伝えていくのがポイントである③④⑤。

事例

母親が SW を批判し、
本人が間にはさまれた

　19 歳女性。支配的な母親と共依存関係にあり、不安が強くリストカットがひどかった。精神科病院に通院しはじめ、病院ソーシャルワーカー（SW）も定期面接をした。女性はいろいろと話してくれるようになり、徐々にリストカットは減っていった。しかし、母親は医療従事者で専門職としてのプライドもあり、女性が SW に心を開いたことに嫉妬したようだった。「なぜ母である私に話さないのか」と女性をなじり、SW のことを批判するので女性はまた悩むようになった。SW は母親に面接を持ちかけたが拒否された。

本人の支援を継続するため担当を降り、母親のプライドに配慮して新担当を選んだ

対応の流れ

　共依存関係は、この母子の治療のテーマだった。SW は、母親の支配的な態度は女性の精神面に影響していて家族面接が必要だと考えていた。そして母親が面接を拒否した理由を考えた。①おそらく母親自身が克服できていない何かつらい思いを抱えている。また、②母親は医療専門職であり、自分より若く経験が浅い SW を信頼できないのだろうと考えた。③他の SW や心理職、精神科医を相談相手として紹介することもできると母親に提案したが、ことごとく断られた。

　最終的に母親は、「病院は娘の治療だけしてくれたら結構です。私は自分の問題には向き合いたくないんです」と言った。はっきりと拒否す

る母親に対し、これ以上面接を促すと追い詰めることにつながるため、母親へのアプローチをSWはあきらめざるを得なかった。

SWは、本人のみにアプローチすることにした。女性の精神状態を安定させるためには、母親と適度な距離を取ることが有効と考え、④女性に家を出てグループホームなどで生活してみることを提案したが、「母親が許すわけがない」と、おびえてできなかった。

それならばと、母親と同居を続けながら適度な距離を取れるようになることや、母親とは異なる価値観を知って自分らしく生きる道を探すこと、母親が言うことにとらわれないことなどを提案していった。

しかし、女性は母親とSWの間にはさまれていることが新たなストレスとなり、症状が悪化して入院してしまった。

SWは主治医に相談し、女性もまじえて話し合った結果、⑤女性を守りながら支援を継続することを優先し、SWが担当を降りることにした。そして、母親のプライドや心情に配慮して、母親よりも年長で経験年数も長い男性SWが女性を担当することになった。

女性に対しては、「新しい担当者は、私自身も尊敬と信頼をしているよい先輩です。あなたも信頼して大丈夫ですよ。⑥お母さんと私との間であなたを苦しめてしまって申し訳なかったです」と謝り、担当を引き継いだ。

女性はほどなく新しい担当者に慣れ、面接を継続していくなかで徐々に落ち着いていった。そして、20歳を過ぎて恋人ができると、早々に結婚を決意して家を出た。

かかわりのポイント

援助者に対する親の嫉妬は、母親から女性スタッフに向けられるものが多い。このケースの場合、母親自身が専門職であること、また何らかの課題を抱えているがそれには向き合わないとかたくなだったことが、母親のSWに対する複雑な思いに拍車をかけていた①②③。女性自身も、母親に対して依存と同時におびえがあり、自立するのは難しい状態だった④。母子どちらにもこれ以上のアプローチが困難だったため、SWを交代することで女性への支援を継続していった⑤⑥。そして「結婚して家を出る」という形で、女性は母親の支配から逃れることができた。

事例

貧困妄想だと思ったら
本当に経済破綻していた

　26歳女性。母親と二人暮らし。弟は
自立し別世帯、父親は不明。支離滅裂な
ことを叫ぶなどで近隣から苦情があり、
保健所や市町村障害福祉課がかかわり精
神科病院につながった。診察の際、同行
した母親のほうも話すことが支離滅裂
で、母娘ともに統合失調症を発症してい
ると診断され、二人とも入院することに

なった。母娘どちらにも被害妄想や貧困妄想があったが、病院ソーシャ
ルワーカー（SW）が入院費の支払いのために経済状況を聴き取ると、
本当に経済破綻しているような話が次々と出てきた。

関係各所に事実確認し、入院時に生活保護を申請した

対応の流れ

　SWは、入院と同時に生活保護を申請することを念頭に置きながら二
人の話を聴いていったが、二人とも精神状態が悪く、どこまでが本当の
話なのかがよくわからなかった。そこで、①二人の入院にかかわった保
健所と市町村に問い合わせた。わかったことは、住民票所在地と現住所
の市町村が異なっていること、現在住んでいるのは3か月前に引っ越し
てきた団地であり二人が長く暮らしていたのは住民票所在地の市町村で
あること、そのため入院にかかわった保健所も市町村職員も二人のこと
はあまり把握できていないこと、であった。

　SWは、②住民票所在地の市町村に問い合わせ、すると二人の生活実
態が見えてきた。二人はその市町村で生活保護を受けていたが、あると
き「まとまったお金が入ったから」と二人の意思で生活保護を抜け、現

住所に転居してきた。そのお金の出所は不明だった。

　こうした事情から、どちらの市町村が生活保護を行うことになるかを確認するため、③それぞれの市町村の生活保護担当課に電話で事情を伝えた。

　あわせて、④女性の弟に電話で連絡を取り、病院に来てもらえるよう依頼した。来院した弟は、「姉は昔から風変わりで自分はいつもいじめられていた。母親も加担していた。一刻も早く家を出たくて、高校を卒業してすぐに就職して自立した。やっと穏やかな生活ができるようになり、結婚を考えている相手もいる。今さら二人の面倒はみられない」と話した。実際のところ、弟の収入状況からは生活保護の資産調査に引っかかることはないと思われた。

　生活保護は現住所の市町村が受け付けることになり、担当のケースワーカーが病院に聴き取りに来て、SWも同席した。そのとき母親が「実は隠し財産がある。部屋に置いてある」と突然言い張ったため、その日は手続きができなかった。弟も母親から聴いたことがあると同調したため、弟が同行しケースワーカーが住居に調査に行った。しかし財産は確認できず、銀行口座の調査を経て手続きが進められた。

　その後、生活保護を入院時に遡って受給できることが決定し、経済的に安定したことで心配事が減った二人は、投薬治療の効果もあって順調に回復した。

　生活保護費から新たな住居を確保する資金も得られ、母子二人でアパートを借りて退院した。

かかわりのポイント

　同居家族全員に精神疾患があるにもかかわらず、未治療で誰の支援も受けていない場合、生活が崩れて経済的にも破綻していることが多い。入院でSWがかかわるのを機に明るみとなることがあり、本人と一緒に、または代理で役所等と協力しながら状況を整理し、さまざまな手続きを行う。音信が途絶えていた家族に連絡を取ることもある④。このケースの場合、本人からの経済状況の聴き取りが難しかったため、SWは関係各所に連絡した①②③。初動が早かったことが奏功し、生活保護も入院時に遡って受給することができた。

「障害者じゃないので」と障害年金申請をかたくなに拒否した

22歳男性。高校卒業後に働いていたが、うつ病と診断され退職。母子関係が複雑だったため、治療の面から一人暮らしをしたほうがよいとの方針となり、アパートを借りて生活保護を申請した。今は働ける状態ではないと判断され生活保護を受給できたが、生保の担当ケースワーカーが「病状的に障害年金を取れるだろうから申請してください」と指導してきた。男性は「障害者じゃないので年金はいりません」とかたくなに拒否し、その後も障害年金の話になると具合が悪くなった。

生活保護担当者と話し合い、障害が受容できるまで年単位で寄り添った

対応の流れ

生活保護ケースワーカーから障害年金申請の話が出るたびに、男性のうつ病は悪化し、希死念慮も出てきたので、男性は通院している精神科病院のソーシャルワーカー（SW）に相談した。

SWは、①男性の障害年金に対する気持ちを傾聴した。男性は自分がうつ病で入院経験もあり、今は働けないということは事実として理解していたので、「生活保護の世話」になることは納得していたが、「病気は治る。治ったら働きます」「自分は障害者じゃないので年金はいりません」と譲らず、「年金の申請なんて、この病気は治らない、一生働くことはできないって認めることだ」と嘆いた。

男性にとって障害年金受給は、「自分が障害者だということを認める」

ことにつながり、受け入れられないことのようだった。SW は、②精神疾患による障害年金は、病状が改善し再就職して収入が安定すれば停止することもあるなど柔軟な制度であることを説明したが、男性は耳を貸さなかった。この時点で精神障害者保健福祉手帳も取得していなかった。

③男性の気持ちを理解した SW は、生活保護ケースワーカーに状況を説明した。しかしケースワーカーは、「生活保護制度は他法優先です。この男性は入院するほど病気が重いわけですし、障害年金受給の対象になると思います。職権で男性に指導することもできます」と、制度の原理原則を主張した。

SW はケースワーカーに対し、生活保護制度の原則はわかるけれど、④男性の意向を尊重してもう少し待ってもらえないだろうかと再検討を依頼した。この男性に障害年金の申請を今促すことは障害受容を強要することであり、とても危険である。絶望して死にたい気持ちが強くなってまた入院することになるかもしれない。男性が自分の病気や状態を受け入れられるようになるまで、もう少し待ってほしい。男性が再就職に挑戦したり、具合が悪くなってまた入院したりといったことをくり返すうちに、少しずつ考え方が変わっていく可能性もある。年単位になると思うが、寄り添ってほしいと理解を求めた。

その後、男性が障害年金を申請したのは 27 歳のときだった。障害受容まで 5 年かかった。⑤その間、SW は男性に寄り添い、年金申請の手続きも支援した。年金は遡及分も入ったので、生活保護に還付した。

かかわりのポイント

障害年金や障害者手帳など「障害」がつく制度やサービスを利用することは、本人の障害受容にかかわるテーマであり、制度の趣旨を説明しても拒否する人は結構いる①②。精神疾患を患うことで傷つき、生活保護を受給することで尊厳も傷つけられたと思っている人に対し、障害年金を紹介すると希死念慮につながることもあるので、慎重に対応する必要がある。生活保護は他法優先の制度のため、本ケースのようなことがたまに起きる。生活保護の担当ケースワーカーに丁寧に説明し理解を求め、本人の変化を待ってもらうように働きかける③④⑤。

事例

Case 16

▶ 参照 5-1　若者特有の居場所探しの難しさ

無気力で一人で外出できず、家以外の居場所がない

18 歳男性。幼少期に両親は離婚、父親と二人暮らしで生活保護受給。ネグレクト気味で体は小さく病弱だった。就学期に児童相談所が何度も保護しようとしたが、本人も父親も拒否。子ども家庭支援センターが見守っていた。高校中退後はひきこもり、抑うつ状態で市販薬の大量服薬など自傷行為が始まった。精神科病院を受診し病院ソーシャルワーカー（SW）が担当についた。18 歳になり子ども家庭支援センターのかかわりが終わったにもかかわらず、新たな福祉サービスに何もつながっていない心配な状態だった。

訪問看護を導入してアウトリーチ型支援でかかわり、社会の風を家に届けた

対応の流れ

男性は、薬を飲まないと苦しいからとの理由で外来診察だけは隔週で来ていた。SW はそれにあわせて面接し、次のようにアセスメントした。

年齢相応の心身の健全な発育も社会性も獲得していない。社会とつながる意欲やモチベーションを持っていない。これらは、病状だけでなく生育環境から来ている可能性がある。父親との生活は、ゴミ屋敷に近い家や食事の状況なども含めて健康的とはいえない。

SW は、男性は①家以外の居場所に通って他者とかかわることが必要であり、病院併設のデイケアや地域活動支援センターにつなげようと考えた。しかし、男性は無気力で自発的に一人で通うことができなかった。

通うことが無理なのであればと、次に②グループホームへの入所を提

事例

案した。そこで他者とかかわり、生活上のさまざまな支援を受けながら自立を目指せばよいのではと勧めたが、男性はずっと父親と二人で暮らしてきたので家を出ることなど考えられないとのことだった。

そこで、SW は男性がもう少し元気になって福祉サービスを自分が動いて利用できるようになるまでは、③アウトリーチ型支援で支えようと考え、主治医に相談し、訪問看護ステーション（訪看）に週3回訪問してもらえるようにコーディネートした。訪看の目的は、健康状態の確認だけでなく、普段誰とも話す機会がない男性とおしゃべりをするなど「かかわること」だった。

男性は誰かと話すことを求めていたので、訪看を喜んで受け入れた。父親からは「訪看は男性の部屋以外には入らない」という約束で了承を得た。

父子二人の荒れた家の中に訪看が週3回入ることで、男性は自分のことを気にかけてくれる人がいるということを少しずつ知り、自分からいろいろな話を訪看にするようにもなっていった。

SW はさらに、④役所の障害福祉課に相談し、移動支援サービスを利用できるようにした。食事に関してもネグレクト状態だったので、近くの子ども食堂を役所に紹介してもらい、移動支援のヘルパーがその食堂まで男性に同行した。

男性は他者とのかかわりが増えて少しずつ力をつけてきており、地域活動支援センターなどに通うことができるようになるまであと一息である。

かかわりのポイント

自ら外出することが難しく、グループホームに入る決意もできない人の場合①②、自宅を訪問して支えるアウトリーチや同行支援が現実的な手段となり得る③④。アウトリーチ型支援は昨今少しずつ増えている。訪問診療をする医師もいるが、圧倒的に多いのは訪問看護ステーションである。看護師以外にも作業療法士の配置はよくみられ、精神保健福祉士が配置されている事業所もある。本ケースでは、訪看が唯一この家に定期的に出入りする「家以外の人」として風穴を開けた。訪問することで、その家に社会の風が入り、何かを少しずつ変えていき、次につながるのである。

Case 17

▶ 参照 5-2　学校との連携は必須

「高校くらいは出ておきたい」と言われた

16歳男性。小学2年生のときに不登校となり、中学時代もほぼひきこもりで卒業証書だけもらった。高校は定時制に入学したが、ほとんど通えないまま中退してひきこもっていた。その後、不安が強く動悸が激しくなるなどパニック様の症状が出たため精神科病院を受診。通院を継続して病院ソーシャルワーカー（SW）も今後の生活の相談に乗ることになった。何かやってみたいこと、興味があることを問うと、「高校くらいは出ておきたい」とつぶやいた。

通えそうなタイプの高校を紹介し、集団の中で過ごす練習もしてもらった

対応の流れ

　男性に現在の生活の様子を問うと、自室でゲームをすることが多く、昼夜逆転気味とのことだった。高校には「行きたい」わけではなく、「このままだと中卒になってしまう。将来が不安」との理由から、「行かなくてはいけない」と考えているようだった。

　勉強については、学校に行っていなかったので全般的に苦手意識がある。言葉や文章の意味はゲームや漫画で覚えた。数字は好きで九九もすぐ覚え、数学に関するゲームも好き。絵を描くのも好き。理科と社会はまったくわからない。英語は好きな歌の歌詞を覚えたり調べたりすることはできる……等と好き嫌いを聴き取った。また、満員の電車やバスは無理、集団の中にいると息苦しくなるとのことだった。

　こうした話をふまえ、①家から外に出て1人で通学すること、毎日集

事例

246

団の中で長時間過ごすこと、各教科の勉強についていくことが課題とアセスメントした。

　そして、どのような高校が適しているかを検討する際、②<u>母親からも話を聴き、私立高校の費用も出せるという家庭の経済状況も加味した。</u>

　SWは、男性と母親に③<u>通信制高校とサポート校を合わせたタイプの私立高校がよいのではないかと提案した。</u>通信制高校に提出する課題を、サポート校に通って教えてもらいながら仕上げることができる高校である。とはいえ、年に数回あるスクーリング（面接授業）はどこの通信制高校も必須だった。

　SWが、男性が通えそうな場所にある学校をいくつか紹介すると、課題をタブレットで作成するタイプの高校を選んだ。タブレット方式はゲームで慣れているからやりやすそうとのことだった。

　スクーリング期間には登校して授業を受けなければいけないことをSWは心配し、男性も不安を感じていた。そのため、④<u>集団の中で過ごすことに少しずつ慣れていく必要があると男性に伝え、その高校に入学するまでの間、男性の自宅近くにあるフリースクールに通って過ごしてみてはどうかと紹介した。</u>男性は何とかフリースクールに通い、特に園芸や調理のプログラムが気に入ったようで、少人数の人々とともに過ごすことに少しずつ慣れていった。

　高校には翌年の4月に入学し、サポート校の支援を受けながら課題をこなしていた。時々フリースクールにもタブレットを持っていき、取り組んでいるとのことだった。

かかわりのポイント

　高校は義務教育ではないため、学習して所定の単位を取らなければ卒業できない。小中学校と不登校だったといっても、人によって苦手とする状況は異なるので、その人に合った学校選びをする必要がある①③。最近は教育の多様化が進み選択肢が広がっているが、学校選びには家庭の経済状況が関係する②。多くの人が苦労すると思われる「通うこと」「集団の中にいること」については、学校以外の居場所で練習しておくことも有効である④。

「私たち結婚します」と利用者二人で言ってきた

28 歳女性と 25 歳男性。女性は病状が重く入退院をくり返していた。退院後は病院併設のデイケアに通所。やがて利用者の男性とつき合い始め、仲良く話している様子を見かけるようになった。ある日、二人は「私たち結婚します」とデイケア職員（SW）に言ってきた。デイケアでは利用者同士が結婚するケースはほかにもあった。SW は祝福の言葉を伝えつつ、「決めるのはお二人自身ですが、結婚となると住む場所や生活費のことなどいろいろと考えないといけないことがあるので相談にのりますね」と返した。

二人に覚悟を確認し、支援者会議を開くなどして反対する家族に説明した

対応の流れ

SW は、①それぞれの家族の反応が気になり、二人に尋ねた。

女性は家族と同居していて、結婚に大反対されていた。理由は、男性にも精神疾患があり働くことが想定できないこと、男性の状態が悪いときに女性を怒鳴る場面を家族が目撃していたためであった。

一方、男性は家族と疎遠で、単身で障害年金と生活保護を受給して生活しており、結婚は事後報告でよいとのことだった。

二人は同じ主治医にかかっていて、すでに報告しているとのことだった。そこで SW は、②主治医と話し合い、生活上の具体的なことを詰めるなかで二人の決意の程を確かめることにした。

二人に対しては、③生活保護を二人世帯で受給させてもらえるかどうかについて、男性の担当の生活保護ケースワーカーに二人で相談に行く

事例

よう助言し、あわせて SW がその事前連絡をする了承も得た。SW は生活保護のケースワーカーに、行政として現実的な厳しい意見を言ってもらって大丈夫、そうしたことを二人が乗り越えられないようであれば結婚生活は続かないと思うからとの旨を伝えておいた。

　ケースワーカーは男性に、「単身でもたびたび入院していたのに大丈夫ですか。結婚は楽しいことばかりではないですよ。けんかをして具合が悪くなることもきっとありますよ」等、結婚生活への覚悟を確認した。男性は、「きちんと通院してデイケアにも通う。元気になったら働きます」と話し、自身が中心になりアパート探しをした。こうした経過も確認し、ケースワーカーは二人世帯での生活保護受給を認めた。

　そんな折、女性の両親が「二人を止めてほしい」と来院した。主治医と SW は、④自分たちが止められる問題ではないことを伝えたうえで、二人は役所での手続きや不動産屋を回るなどがんばる力も持っていること、とても仲がよいことなどを話した。

　主治医からは、状態が悪化したときは入院するなどの約束を二人としていて治療上の責任は果たすつもりであること、SW からは、二人暮らしが心配であれば⑤訪問看護やホームヘルプなどサービスを利用することも可能であることを伝えた。そして、⑥支援者会議を開こうと思うので両親も参加してほしいと依頼した。

　女性の両親は支援者会議に参加した。二人を応援してくれる人が多いことに驚き、まだ不安はあるが見守っていくと言ってくれた。二人はアパートを契約し、結婚生活を始めた。二人とも時々状態が悪化し、そのたびにどちらかが、あるいは二人とも入院したこともあったが、普段は仲良く生活している。

かかわりのポイント

　病気や障害がある人同士の結婚は珍しいことではなく、支え合って生きていけるので良い面も多くある。ただし、障害の有無にかかわらず結婚は生活が大きく変わる転機であり、慎重に考えるのは当然である①②。反対する家族はもちろんいる。SW にできることは、本人たちの覚悟を確認し、自分たちでできることはやってもらうこと③。二人の支援ネットワークを作り、心配や反対をする人に安心してもらうことである④⑤⑥。

バイトをすぐ辞めては「次を見つけるから」のくり返しが数年続いている

23 歳男性。発達障害の傾向を指摘されていたが、周囲に恵まれて小・中学校と普通学級、高校は定時制を卒業した。高校時代に精神科病院を受診して発達障害の診断がついた。卒業後はアルバイトを転々とし、いずれも続かなかった。両親は障害を認めたくない気持ちから福祉

サービスの利用は考えず男性の好きにさせていたが、同級生が就職する年齢になり焦りも出てきた。あるとき、母親が男性を連れて通院先の病院ソーシャルワーカー（SW）に就職の相談に訪れた。男性は「次のバイトをすぐ見つけるから」と話を真剣に聞かなかった。

本人に合う働き方・配慮事項を提案して、就労移行支援事業所を見学した

対応の流れ

　SW は、別れ際に男性に対し「次のバイトを見つけるまでは時間があるでしょう。[①]来週も話しに来ませんか。どんな仕事をしたいのか教えてください」と面接を持ちかけた。男性は実際のところ暇だったので面接に応じた。

　面接で、SW は男性に福祉的就労を押しつけることはせずに、これまでしてきた仕事のことや次にしてみたいこと、希望する勤務時間などを雑談もまじえながら聴き、[②]男性の働く力をアセスメントしていった。これまで飲食業や運送業などさまざまな業種にチャレンジしていたが、1、2か月で辞めてしまうことが多く、1 日で行けなくなった仕事もあった。

　男性には、就学期に学校に通い続けた力と集中力はあり、真面目な性

事例

格でもあり、③本人に適性のある仕事を選び、そして職場に理解があれば就職しても継続して働けるのではないかとSWは見立てた。具体的には、明確な指示を出してくれること、仕事内容がある程度決まっていること、職場が家からあまり遠くないこと、などに配慮してもらう必要があると考え、そのことを男性に伝えた。

男性は精神科に通院していたものの、これまで福祉サービスを利用したことはなく、精神障害者保健福祉手帳や障害年金も取得しておらず、障害者雇用による就職も自分とは関係ないと思っているようだった。SWは、障害云々を考えるより、実際にバイトが長続きしないのだから、④仕事が続くように練習したり面接の受け方を教えてくれたりする場所に通ってみるのはどうかと提案した。また、バイトではなく就職したほうが給料はよいという現実的な話もして、粘り強く説明していった。

こうした面接をくり返すなかで信頼関係が築けてきたこともあり、SWは⑤発達障害の人を多く受け入れている就労移行支援事業所を、男性と一緒に見学に行った。そこでは、一見障害があるとはわからない人々が作業をしたり、パソコンの練習をしたりするなどさまざまなプログラムをこなしていた。男性は「学校みたいですね」「ここならば通ってみてもいいかな」と言った。

こちらの就労移行支援を利用するために、SWは、⑥若者支援に理解のある計画相談支援事業所の相談支援専門員に連絡し、男性に紹介した。

その後、男性は就労移行支援事業所に通い始めた。ここで他の利用者からの影響も受けながら、障害者雇用や障害者手帳のことなどを少しずつ受け入れていくと思われた。

かかわりのポイント

いわゆる「グレーゾーン」で生きてきた人の場合、働くようになって初めて社会に適応できずに苦しむことがある。一方で障害者雇用の制度は整備が進んできている。障害の受容が進まずに福祉サービスを拒否する人もいるが、福祉的就労の詳細を知らずに敬遠している場合もあるため、アセスメントして①②③本人に合った事業所を実際に見学してもらうと意識が変わることがある④⑤⑥。事業所に通い始めると、他の利用者の考え方にもふれ、福祉サービスを受け入れていく可能性がある。

Case 20

「一生入院させてほしい」と
母親に自宅退院を拒まれた

22歳男性。両親は離婚し母親と二人暮らし。軽度知的障害・発達障害で特別支援学校高等部を卒業後、福祉的就労にもつながらず、行き場がなく家でひきこもりがちだった。やがて母親への暴言・暴力が出るなど不穏になったため精神科病院に入院。服薬により症状は落ち着いたが、母親は不穏時の本人との暮らしで大変な思いをしていたため、「自宅で同

居するのは無理。一生入院させてほしい」と病院ソーシャルワーカー（SW）に退院を拒否する意向を告げた。

母親の不安軽減のため施設体験宿泊などを経て、アパート単身生活を支える制度を具体的に示した

対応の流れ

SWはまず、①男性と話し、退院したいという意思と自立のために実家を出るのは仕方ないとの思いを聴き取った。身の回りの世話は母親がしてきたため、男性に生活能力はあまりないと思われたが、障害の特性であるこだわりの強さから、他者と同じ空間にいることはストレスになりそうだった。そのため、②入所施設ではなくマイペースに暮らせるアパート単身生活がよいだろうとSWは見立てた。

しかし、母親は不安が強く、入院継続が無理なら一生面倒を見てくれる施設へ入れたいと強く希望してきた。そこで、③男性と母親に、知的障害対象と精神障害対象のグループホームをそれぞれ見学してもらった。男性はグループホームの暮らしがピンときていないようだったが、

事例

いろいろな決まり事があることには抵抗があるようだった。一方、母親は支援者がいるグループホームは安心だから男性に入ってほしいと希望した。そこで、ある④グループホームに体験宿泊をしてもらったが、男性はやはり他の入居者とトラブルになることがあった。

この経験をふまえ、SW は⑤アパートでの一人暮らしを提案した。男性は関心を示したが、母親は「息子には無理」と抵抗した。

SW は、⑥一人暮らしをサポートしてくれるさまざまな医療制度や福祉サービスがあることを母親に伝え、1つずつ具体的に説明した。

一人暮らしの計画を一緒に考えてくれる相談支援専門員という人がいること。生活費は、世帯分離をすることで生活保護の申請が可能となり、障害年金で足りない分を補えること。お金の管理は社会福祉協議会の日常生活自立支援事業で手伝ってもらえること。外来診療と訪問看護で服薬確認など健康状態をチェックできること。地域活動支援センターや就労支援事業所などの通所施設に通えば、日中の居場所になること。掃除や洗濯などの家事はホームヘルパーに手伝ってもらえること。毎日の夕食は宅配弁当を依頼することもできること……。

アパート単身生活でも、制度とサービスを上手に活用することで、ほぼ毎日、どこかの機関の支援者が男性に会うため安心を担保でき、本人のペースに合った生活が送れることを母親は理解し、アパートへの退院に納得した。一緒に説明を聴いていた男性もアパート生活を希望した。

かかわりのポイント

「同居して面倒を見るのは無理だが、心配なので一生入院するか施設で誰かに世話をしてもらいたい」と考える親は多い。こうした訴えに対しては、段階を設けて支援していく必要がある。本ケースでは、本人の希望を確認したうえで単身アパートがよいとアセスメントした①②。そして、男性に入所施設は合わないことを体験を通じて知ってもらえたことが、母親が想定していなかったアパート単身生活を検討するための重要なステップとなった③④⑤。そのうえで単身生活を支えてくれる各種サービスを具体的に示す⑥ことで、母親は安心感が得られ納得した。

事例

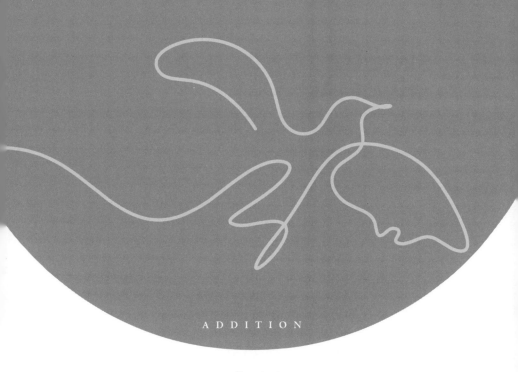

ADDITION

追記
若者の自殺

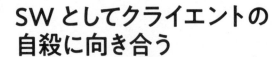

SWとしてクライエントの
自殺に向き合う

　医療や福祉の臨床現場で働いている以上、人の生老病死に向き合わざるを得ない。

　人はこの世に生を受けると、いつか必ず死ぬ。寿命をまっとうできる人もいれば、病を得て亡くなる人もいる。それが、精神保健福祉の領域で働いていると、「自殺」という自ら命を絶つ形で亡くなる人に出会う確率が高くなる。

　精神科の医療機関は、自殺リスクを抱えている患者が多いが、特に思春期・青年期の若者については、激しい衝動性を持っている人や、自殺未遂をくり返しているうちに既遂になってしまう人もいて、自殺という事態に遭遇する確率がより高い。

　自分がかかわっていた若者が自殺してしまった際に、SWとしてどのように向き合っていけばよいのだろうか。「自殺してしまった。自殺されてしまった」という事実に向き合うこと。「SWとして」、自分にどう向き合っていくのかということ。考えなければならない点はいろいろとある。どのように受けとめ、自分のかかわりをどのように振り返っていくのかで、SWによってはバーンアウト（燃え尽き）してしまう人もいるだろう。そのくらいデリケートで難しい問題でもあり、答えは1つではないであろう。しかし、SWとして、目をそむけずに考え続けていってほしいと筆者は思う。

　そのため、ほかの章とは異なるが、ここでは筆者が自分自身の臨床経験から語ることができる「SWとして自殺にどう向き合うか」という心構えのようなものを記しておきたい。悩んでいるSWの仲間に、少しでも参考になれば幸いである。

　　　　*　　　*　　　*

　精神科病院で働いていた12年間で、筆者は多くの人の死を見てき
た。自分が担当でかなり深くかかわっていた人も何人も亡くなってお
られる。そのなかには残念ながら自殺された人もいらした。

　かかわっていた人が自殺で亡くなられた場合、多くのSWは衝撃
を受けるであろう。そのかかわりの度合いが深ければ深いほど、必死
でかかわっていればいるほど、その衝撃は大きいであろう。「自殺を
何とかして止めたい」。誰だってそのように考えているのではないだ
ろうか。

　若者は、生きてきた年月、経験が少なく視野が狭い分、安易に死を
考える傾向が強いと思う。過去の社会的な例をみても、たとえば有名
人の自殺に対して「後追い自殺」をしてしまう若者もいる。生きるこ
とに心底絶望して死を選ぶ中高年以降の年代の人々の自殺とは、少し
様相が異なると思っていて、だからこそ、若者の自殺は何としても止
めたいのである。

　筆者は精神科病院に入職した最初の2年間に、担当していた10代
の若者を3人亡くしている。1人は病死であったが、その死はいずれ
も大きな打撃となり、その後のクライエントへのかかわり方に大きな
影響を与えた。

　SWは、一般的に担当しているケース数が多い。「かかわりのトリ
アージ」をして、具合の悪い状態の人や即時介入しなければならない
福祉的課題を抱えている人に、集中的に時間を費やすことは当然のこ
とだが、その病院では当時、10代のクライエントの数はまだそれほ
ど多くなく、ある意味目立つ存在であった。不安定な10代の若者に
長時間寄り添う筆者のかかわりについて、いろいろな意見が病院内で
あることに、筆者は気づいていた。「若い患者さんに振り回されている」

追記

257

「逆転移している」「かかわりすぎではないか」等々。「必要なかかわりなのだから」と気にしないでかかわっていたつもりであったが、やはりどこかで気にしていたのだと思う。彼らが亡くなって初めて、「もっと私はかかわれたはず。もっと話を聴けたはず」との思いで自分を責めた。自分が話を聴けば、かかわれば、彼らを救えたなどと傲慢なことを考えていたわけではない。ただ、もう少しやれたはず、やり残したことがまだまだあったという思いが残っており、そう思うのであれば、なぜ彼らが生きているうちにかかわれなかったのかという後悔が残ったのである。

　何を気にしていたのだろう。誰のための支援なのだろう。本人に今必要な支援であれば、誰の目も気にすることなく、やっていくしかない。結局、自分自身が後悔しないかかわりを続けていくしかないのだ——という境地に、筆者は変わっていったのである。

　その後、クライエントの自殺をどのように考え、受けとめていけばいいのかということを漠然とではあるがずっと考えていた。多くのワーカー仲間や先輩に話を聴いたり、複数の精神科医にも話を聴きに行った。答えがある問題ではないが、避けては通れない問題なので考え続けるしかなかった。

＊　　　＊　　　＊

　誤解をおそれずに言うと、「本当に死にたい」との思いに取り憑かれてしまった人の自殺を止めることなど、本当にはできないのではないかと筆者は考えている。「救える」などと思うのは医療従事者の傲慢ではないかとすら思う。病状によっては、人は本当に思い切ったことをする。止めるためには、ずっと隔離室や拘束を使い続けるしかない。隔離室の中ですら、本気で死のうと思えば死ぬことはできる。結

局は、「死ぬという意思」をどれほど強く持っているかどうかなのである。

　しかし、多くの人は、「本当に死にたい」わけではなく、「生きていてこんなにつらいなら、死んだほうがマシだ」といった消極的選択であると筆者は思っていて、それならば治療やかかわりでつらさを緩和するなど、なんとか一助になることができるのではと考えている。

　特に若者の場合は、本当の意味で死に取り憑かれてしまっている人などいない、「死ぬという意思」を強く抱いている人などいないと考えている。これまでさんざん述べてきたように、若者はどうしても視野が狭い。親の価値観しか知らない人も多く、その狭い価値観の中で、「自分はダメだ」と思い込んでしまう。だから将来への展望もまったく持てずに絶望しか見えなくなってしまう。

　けれど、それは間違った考えである。若者はまだ、自分自身だけの力で歩いたことすらないのである。親など周囲の価値観から自由になって、自分自身が選び取った価値観の中で生きることができるということをまだ知らないのである。もしかしたら、自分がもう少し生きやすい世界もあるかもしれない。そう思えるようになったら、もう少し生きてみようと思える可能性は高い。SWは、若者がそのように思えるように支援していく必要があるし、そう思えるまでは自殺をさせてはならない、何としても止めなければならない、と強く思っている。

　また、つらさを周囲にアピールするかのような自殺未遂をくり返している人は、いつか本人の本意に反して既遂になってしまうこともあるから、とても危険であるとの危機感も抱いている。自殺未遂については、大量服薬という薬を多く飲む行為がとても危険である。本人にしてみれば、本気で死にたいわけではなく、自分のつらさを周囲にわかってもらうためだったり、入院したいがためだったりで、数日分の

追記

259

薬を飲んだりするのである。「何も考えないで眠り続けたいから」との理由で睡眠剤を多めに飲んだ人もいた。致死量と思われる大量の薬を飲んだ直後に電話してきて「どうしよう」とSOSを求めてきた人もいた。アピールのための自殺未遂はほとんどのケースが助かっているが、なかには、薬の成分でというよりも薬を飲んで眠り続けることによって肺塞栓を起こすなどして亡くなってしまった人もいた。不自然な姿勢で眠り続けたことで、体の一部に麻痺が残った人もいた。

　「『死にたい』と思うこと」「実際に軽く手首を切ったり薬を飲んだりすること」「実際に死に至る決定的な行為をすること」の間には、とてつもなく大きな隔たりがある。SWは、このあたりを見極めながらかかわらないといけない。しかし、「本気で死ぬ気がなかったとしても、自殺未遂をくり返すといつか本当に死んでしまう」ということは絶対にある。だからこそ、自殺未遂を軽くみてはいけない。

　とはいえ、いつもいつも「この人、これから死んでしまうかもしれない」などと思っていたら、面接を終えることができない。どこかでSW自身が判断をしなければいけない。自分で判断できないときは、精神科医などほかの治療者、援助者に判断を仰ぐしかない。

＊　　　＊　　　＊

　筆者が勤めていた病院で思春期・青年期の若者を一緒に多く担当していた精神科医の言葉は非常に示唆に富んでおり、とても納得できるものだったので、ここに紹介する。

　「思春期の人は、発作的に死んでしまおうとする衝動性が高い。でも、その瞬間を救うことができれば、その後何年でも生き延びる。その瞬間を救えるかどうかが重要。だから思春期の人は難しいんですよ」

　SWとして、「その瞬間」を救いたい。そのためにはどうしたらよ

いのだろうか。「死にたい」と言ってきた若者に対し、SWとして何と返答していくか。どうかかわっていけばよいのだろうか。答えは1つではないし、それぞれのSWのやり方があるであろう。

筆者は相手に対し、「死にたいくらい、つらいんだね」と気持ちを受けとめたうえで、「でも、私はあなたに死んでほしくない。もっと話したいよ。だから今日だけは生きて、明日会いに来て、話しに来てほしい」などと答えることが多い。電話での訴えであれば、実際にすぐに来てもらうこともあった。

死にたいと思ってしまう若者は、「生きていても何もいいことなんてない。自分は誰にも必要とされていない」と思い込んで絶望している人が多い。そのため、相手に対して「私はあなたに会いたい。もっと話したい」と、SW自身の気持ちを率直に伝え、「今この瞬間」「今日一日」を何とか生き延びてもらうように努めるのである。

今日一日を生き延びることができた。であれば明日も一日生きることができるかもしれない。そうやって一日一日を重ねていくことで、いつのまにか、死にたいほど思い詰めていた気持ちは少しは軽くなっていくかもしれない。とにかく「死にたいと思ってしまった瞬間」を、なんとしても止めることが重要なのである。

そして、どんなに忙しくても、「SW自身が後悔のないかかわり」を目指し続けるしかない。これはとても難しいことであると筆者も承知している。臨床現場はとにかく忙しい。時間にいつも追われている。SWが一人ひとりに割ける時間も限られている。しかし、だからこそ、「かかわりのトリアージ」が必要なのである。今この人が危機的な状況だと思ったら、その人にかかわる時間をほんの少しでも捻出する。十分な時間が取れないときは第2章で述べたように「次の約束、明日の約束」をする。そうやって、SW自身が「今この瞬間のかかわりには後悔はない」と思えるようなかかわりを続けていくしかないのであ

る。

　——それでも、どれだけ SW が気にかけていても、自殺してしまう若者はいる。

＊　　　＊　　　＊

　実際のところ、SW がクライエントの自殺を知ったときというのは、悲しみにくれる暇すらない場合が多いかもしれない。筆者の経験では、家族が主治医や SW 宛てに電話をくださって知ることが多い。ときには警察から病院に問い合わせの電話があって知ることもある。主治医はそういった対応に追われ、SW は事実確認をすることなどに追われるだろう。

　しかし、その瞬間にも、今から面接予定の別のクライエントが待っているのである。SW は何もなかったふりをして、平静を装って、クライエントの前に立たなければいけない。これはどの職種でも同じことである。筆者は、面接室で泣きそうな顔で話すクライエントを前に、「今泣きたいのは私なんだけどな……」などとつい考えてしまい、目の前のクライエントに集中できないことも正直に言ってあった。しかし、なんとかその日の仕事をすべてこなしても、簡単に泣けるものでもない。クライエントの死を、自分自身できちんと受けとめきれていないからである。

　クライエントの死を悼み、自分自身の気持ちの整理をするためにも、筆者はほとんどの場合、クライエントの家族に確認し、了承していただけたときは葬儀に参列させていただくことにしている。最後にその人に、どうしても一目会いたい。その人の最期の顔、表情を見ないと、自分自身の気が済まないという気持ちがある。また、家族面接をしていて、家族とも関係性を深く築いていた人もいるため、家族のことも

追記

とても心配で会いに行きたいという気持ちもある。こうしたことは、完全に自分自身の思い、エゴだと自覚している。

精神科の医療機関で働いていて、クライエントに自殺されてしまい、その人の葬儀に行くというのは、考えようによっては非常識なことなのかもしれない。「死なれてしまったのに、どんな顔をして会いに行けるのか」といった批判もあって当然だろう。だからこそ家族の了承を必ず得ないといけない。病院関係者には参列してほしくない、二度と顔を見たくないと思われる家族がいても当然であろう。それでも葬儀に参列させていただけたとき、筆者はいつもありがたいと感じる。そして、筆者自身もクライエントの死を悼み、泣く。ときには家族に挨拶をして、一緒に泣くこともあった。

＊　　　＊　　　＊

「後悔しないようにかかわること」と先述したが、実際にはどうしてもあれこれと考えてしまう。どうして死んでしまったのか。昨日何があったのか。なぜ電話をくれなかったのか……。一人で考えていると参ってしまいそうになる。

クライエントの死について、自殺について、援助者同士で語り合うことは本来はとても重要なことである。しかし、実際にはそのような場は少ないであろう。筆者は、クライエントの主治医と話したり、クライエントのことを知っているほかの援助者と振り返りをしたりしている。可能であれば、職場などでカンファレンスの場を設けてもらうといい。筆者が勤めていた病院でも、クライエントが自殺するたびに、できるだけ職員でカンファレンスを行っていた。

カンファレンスは、客観的な視点からの意見がもらえる、自分自身のつらい思いを仲間に共有してもらえるなどの点で有効だとは思う。しかし、自身のつらい気持ち、やるせない思いがそれで消え去ること

追記

は決してないだろう。また、記録を見直したり自分のかかわりを振り返ったりする行為は、非常に苦しい作業なので、やるべきであると言うつもりもない。とにかく1人で抱え込まないこと、考え込まないことをお勧めしたいだけである。

　——それでも、最終的にはSWは自分自身で乗り越えていくしかない。

　このテーマを書いていると、とても苦しい。これ以上は書けないというのが正直なところだ。それでも書いているのは、悩んでいるSWにつぶれてほしくないからである。どんなにつらくても、SWがつぶれてはいけない。つぶれたら、他のクライエントにかかわれなくなってしまう。

　クライエントはほかにもたくさんいる。クライエントの自殺を知り、その事実に押しつぶされそうになっても、SWは目の前にいる別のクライエントに向き合うしかない。それが仕事だからである。そうしたことがつらくてできないというのであれば、対人援助の仕事を続けていくことは、きっといつかできなくなるだろう。

＊　　　＊　　　＊

　最後に、10年以上精神科病院に勤めてもなお、クライエントの自殺を受けとめきれず、10代の若者の自殺に打ちひしがれていた筆者に対して、SWの大先輩が言ってくれた言葉を紹介する。

　「（自殺を）仕方がなかった、と思ってはいけない。けれど、あなたのかかわりは、SWとして精一杯やった、と思っていいですよ」

　この言葉にずいぶんと救われた。

　SWにできることなど所詮限られている。けれど、SWとして、自分自身がその時その時に後悔のないように精一杯やること。自分が

追記

もっとかかわれば救えたかもしれないと思うことは傲慢であると肝に銘じ、自分を責めたりしないこと。そして、決してつぶれないで、目の前のクライエントに真摯に向き合うこと。それに尽きると考えている。

思春期・青年期のソーシャルワークに役立つ文献など

▶思春期・青年期の心のありようについて

- 村瀬嘉代子「子どもと大人の心の架け橋―心理療法の原則と過程」金剛出版、1995 年
- 村瀬嘉代子「子どもと家族への統合的心理療法」金剛出版、2001 年
- 河合隼雄「子どもと悪」岩波書店、1997 年
- 藤岡孝志「愛着臨床と子ども虐待」ミネルヴァ書房、2008 年
- 藤岡孝志「支援者支援養育論―子育て支援臨床の再構築」ミネルヴァ書房、2020 年
- 中井久夫・山中康裕編「思春期の精神病理と治療」岩崎学術出版社、1978 年
- 成田善弘編「青年期患者の入院治療」金剛出版、1991 年
- 金井剛「福祉現場で役立つ子どもと親の精神科」明石書店、2009 年
- 松本俊彦「自傷行為の理解と援助―『故意に自分の健康を害する』若者たち」日本評論社、2009 年
- 松本俊彦「もしも『死にたい』と言われたら―自殺リスクの評価と対応」中外医薬社、2015 年
- 滝川一廣「子どものための精神医学」医学書院、2017 年

▶ソーシャルワーク技法について

- Richmond,M.E.、小松源助訳『ソーシャル・ケース・ワークとは何か』中央法規出版、1991 年
- Biestek,F.P.、尾崎新・福田俊子・原田和幸訳『ケースワークの原則〔新訳版〕―援助関係を形成する技法』誠信書房、1996 年
- 近藤喬一・鈴木純一編「集団精神療法ハンドブック」金剛出版、1999 年

▶子どもや若者の心について考えさせられる本や映画

- シルヴァスタイン、倉橋由美子訳「ぼくを探しに」講談社、1979 年、「続ぼくを探しに　ビッグ・オーとの出会い」講談社、1982 年
- 村上春樹「ダンス・ダンス・ダンス」（上下）講談社、1988 年
- よしもとばなな「王国 1」新潮社、2002 年、「王国 2」2004 年、「王国 3」2005 年
- よしもとばなな「みずうみ」フォイル、2005 年
- 中村航「ぐるぐるまわるすべり台」文藝春秋、2004 年
- 島本理生「ナラタージュ」角川書店、2005 年
- ピーター・ウィアー監督「いまを生きる」1990 年
- ビル・デューク監督「天使にラブソングを 2」1993 年
- イザベル・コイシェ監督「死ぬまでにしたい 10 のこと（My Life Without Me）」2003 年
- 近藤喜文監督「耳をすませば」1995 年
- 細田守監督「おおかみこどもの雨と雪」2012 年
- 小泉堯史監督「博士の愛した数式」2006 年……小川洋子「博士の愛した数式」（新潮社、2003 年）の原作も素晴らしい
- 松山博昭監督「ミステリと言う勿れ」2023 年……田村由美「ミステリと言う勿れ」（小学館、2017 年〜）の原作漫画も主人公の台詞の数々に共感できる

267

「ボクは、ニシクマさんみたいに強くないんです」。こうした言葉をたびたび若いクライエントから言われることがある。そのたびに筆者はこんなふうに反論している。「私だって、あなたくらいの年齢のときは、ぐちゃぐちゃでぼろぼろだったよ。こういう仕事に就いている人は、職種を問わず、スネに何らかの傷を持っている人が多いと思うよ」

筆者の若かりし頃の「ダメ話」は若者に結構ウケるので、つい調子に乗って"ダメっぷり"を自己開示してしまう。「ニシクマさん、それはひどい……。ちゃんと大人になれてよかったですね」と、最終的には慰められたりもする。

実際のところ、筆者の思春期・青年期は、我ながら嫌になるほど不安定であった。思春期のトンネルに入ったはいいが、中は真っ暗で先も見えず、自分の存在自体がわからなくなりそうな恐怖があった。自分の存在を確かめるために他者を必要とする……といった、他者に依存していた時期もあり、当時の友人や恋人にはずいぶんと迷惑をかけた。早く大人になりたくて、まさに疾風怒濤のなかを無我夢中で抜け出したが、出口だと思っていたそれは、実は出口ではなく、まだ青年期のトンネルが続いていたという始末だった。

本当に自力で抜け出し、いろいろなことが吹っ切れたのは、かなり遅かったということを正直に告白しておこう。そうやって自立して大人になるまでの筆者を支えてくれたのは、そのときどきで出会った多くの人々だ。学校の先生、塾の先生、バイト先の仲間や上司、職場の仲間や上司、そして友人、恋人……。もちろん家族の力も借りたが、やはり思春期以降は、家族以外の人と出会い、つながり、異なる価値観を知り、視野を広げていくことで、救われていったことのほうが多かった。

他者との出会いのなかには、もちろん大きな傷つきとなるものもいくつもあった。けれど、筆者には、筆者を救ってくれるよい出会いもたくさんあった。感謝してもしきれないほどである。人に恵まれた、というのは、運がよかったのかもしれないし、筆者が心を閉じ切っていなかったからこそ出会えた、ともいえるだろう。

心のケアが必要な若者たちにも、そのような「出会い」があればと願う。心を閉ざし1人で悩み絶望するのではなく、誰か身近な人に心を開いていくことができれば、必ず人生は展開していく。

　筆者は精神科のSWという専門職であるが、SWでなくても、ほかの心の専門家でなくても、本当はかまわないのである。学校の先生でも塾の先生でも、悪いことをしてしまってご厄介になった警察官でも、近所のおじさんおばさんでも、バイト先の人でも。誰か身近な大人が、大人としての責任を持ってその役割を担い、若者に真摯に向き合ってくれさえすればいいのである。筆者は時々、「SWとクライエント」ではなく、「近所のおせっかいなおばちゃん」として、この人に出会い、かかわりたかったなあと思うことがある。相手に「精神科」ということを意識させなくてすむし、筆者は援助関係の終結を意識しないでいいからだ。

　ただ、現代社会は人とのつながりが希薄で、このような出会いはなかなか望めないのが現状だ。そのため、何らかの相談援助職や人とかかわる仕事をしている人が、心のケアが必要な若者に出会ったとき、そのときこそが、その若者にとっての「出会い」となるように、しっかりと受けとめていってほしいと願うのである。1人でも多くの若者がそのような出会いを経験し、生き抜いていってほしいと願っている。

　本書を記すことは、自分のこれまでのソーシャルワークを何度も子細に振り返る作業であった。これまでかかわってきた多くの若者たちの顔が何度も何度も浮かんできて、そのたびに懐かしさがこみあげたり涙ぐんだり感情を揺さぶられた。

　臨床現場にいてクライエントにかかわっているなかで、自分自身のありようを突き付けられる経験がよくある。たとえば、クライエントに「そんなにがんばらないでいいんですよ、無理しないでいいんですよ」などと声かけしている自分自身は、果たして無理をしていないのか、がんばりすぎてはいないのかと。自分がやれていないことを他者に求めるというのは、なんだかきれいごとを言っているようで違和感があった。

　同じようなことが本書を記しているときにもあった。若者へのかかわり方

を書いている自分自身は、本当にいつもちゃんとやれているのかと、書きながら常に突き付けられていて苦しかった。序章でも述べた通り、筆者がいつも本書に記したことを実践できているわけでは決してない。ただ、常に頭の中にはあり心がけていることは確かである。だからこそ、そのようなかかわり方ができずについ感情的になったりすると、深く落ち込んだりもする。自分はSWであり続けていいのだろうかというところまで自信を失いそうになることもある。けれど、迷ったときは、誰かに相談する、本を読む、自分のかかわりを振り返る、といった地道なことをしていくしかない。SWに限らず対人援助職である以上、一生研鑽を積む努力をするしかないのだと考えている。

　若かりし頃あれほど不安定だった筆者は、大人になってかなり強くなったと自負している。ときには不安定になることもあるが、心の嵐をやりすごすすべは知った。年を重ねるのも悪くないなと思っている。若い頃のほうが、見てくれなどはもう少しマシだったかもしれないが、人間としてもSWとしても、今の自分のほうが好きだ。そんなことを自分自身が思えるようになるとは、10代20代の不安定だった頃には、想像することすらできなかった。
　だからこそ、若い人に伝えたいのである。「大人になるって、そんなに悪くないよ」と。むしろいいものなのだ、怖がる必要はないのだと。だから、今は不安でつらくても、必ずトンネルは抜けられる。大人になったら楽になることもあるから、安心して大丈夫だよと。
　1人でも多くの悩める若者に伝えるために、若者とかかわる1人でも多くの援助者に伝えたい。そんな思いで書き上げた。

　本書が完成するまでに、実に多くの方々のお世話になっているので、最後に謝辞を述べたい。加えて、筆者はこれまで、多くの書物——専門書・論文等で300冊・本にはなるだろう——を読み、SWとしての現在がある。専門書だけでなく、小説や映画などからも大切なことをたくさん学び成長させていただいた。先人たちの英知に深謝している。
　まず本書は、筆者がSWとしての「いろは」を学ばせていただいた、医

療法人社団新新会多摩あおば病院での 12 年間の臨床経験がなければ書けないものであった。そこで出会い、私を育ててくださった富田三樹生院長をはじめとする医師のみなさま、看護師、コメディカル、ほかあらゆる部署のみなさま、そして、生島直人氏をはじめ SW の先輩方、仲間たちに、深く御礼を申し上げます。特に思春期・青年期のケースを一緒に多く担当させていただき、現在は筆者が運営しているグループホームの理事も務めてくださっている野瀬孝彦先生には、若者へのかかわり方など多くのことをご指導いただき、大変お世話になりました。そして何よりも、私が病院で出会わせていただいた、多くの患者さんとそのご家族に、御礼を申し上げます。ありがとうございました。

　また、本書は、日本社会事業大学大学院社会福祉学研究科博士前期課程で筆者が研究した内容がベースになっていると序章で触れた。筆者のこれまでの臨床経験をできるだけ活かした形での研究方法を考え、ご指導いただいた藤岡孝志教授と、研究にご協力いただいた SW のみなさまに、心から御礼を申し上げます。

　最後に。クライエントにとって、ときに SW が伴走者のような役割を担うことがあるが、人が本を出版することにおいての伴走者は編集者の方である。中央法規出版の柳川正賢さんには、まるでクライエントを見守り続ける SW のように、温かく見守りながら最後まで伴走していただき、迷ったときには道しるべを示していただき、安心して書き上げることができました。柳川さんが本書のためにどれほどの才能と労力を割いてくださったかと思うと感謝してもしきれない思いでいっぱいです。本当にありがとうございました。

2014 年　桜の満開の夜に

西隈　亜紀

おわりに

　東京の片隅に、心のケアが必要な若者のためのグループホーム「キキ」を設立して1年が過ぎた頃、初版本を発行した。10年前のことである。

　グループホームの職員をしていて素敵だなと感じるのは、朝「いってらっしゃい」と見送り、夕方「おかえりなさい」と迎え入れられることだ。ときには朝、具合が悪い、行きたくないと言う人とかかわり、背中を押して送り出すこともある。帰宅したときは「がんばりましたねぇ」と大いにほめる。こんな日常がいとおしい。一緒に生活しているわけではないけれど、すぐ近くで長い時間をともに過ごす幸せ。ときに一緒に温かいご飯を食べる幸せ。それらをしみじみと感じ、生活の場での支援っていいな、大切だな、と改めて感じる。

　皆、キキにたどりつくまでにボロボロに傷ついておられる。大人を信用せず心をなかなか開いてくださらない。3年間という入居期限もあり、キキでたいしたことができるわけではない。それでも、毎日「おはよう」と声をかけ続け、日々の悩みを聴くなかで、「ここが自分の帰ってくる場所なのだ」と少しずつ思ってくださるようである。皆、次第に落ち着きを取り戻し、成長していかれる。

　キキでの10年間は、嬉しく楽しいことが多かった一方で、悲しくやるせないこともあった。きっとずっと忘れない、忘れてはいけないという人たちがいる。書いているとき、キキでの出会いに加え、精神科病院に勤めていた頃にかかわった患者さんたちの顔も次々と浮かんできて、幾度か涙した。すべての出会いが成長させてくれた。感謝しかない。

キキは設立時から時限的、発展的解消を目標にしていて、全国の
グループホームが若者を当たり前に受け入れるようになると、キキ
の社会的意義は終わる。この10年でグループホームの数は格段に
増え、若者の受け入れも進んでいる。あとは支援の質の底上げなの
で、本書がその一助を担えたらと思う。

　新訂版で書いた20本の創作事例は、「あるある」の内容だと思う。
ソーシャルワークの答えはひとつではなく、ケースごとに、援助者
ごとに、かかわり方は異なって当然なのであるが、ちょっとした「か
かわり方のコツ」として、少しでも参考になれば幸いに思う。

　10年前に本書を発行したあと、あちこちから講演や研修の機会
をいただくようになった。精神保健福祉の分野だけでなく、子ども・
若者支援、ひきこもり支援、女性支援、教育現場、自殺対策など、
領域を超えて幅広くお声がかかったことは感慨深かった。若者支援
の一助となるなら、今後もどこにでも行って話す所存である。

　悩める若者にかかわる援助者を増やしたい。筆者の願いはそれだ
けである。

　今回無理を言って初版本の「あとがき」をそのまま残してもらっ
た。実は当時、大病を患い入院中のベッドの上で序章を書いたりし
ていた。心のどこかで遺言のような思いもあったようで、「あのと
きの感情」でしか書けないものだったからだ。

　改めて、「あとがき」で謝意を記した方々——本書を書くにあたっ
て大変お世話になった方々——に心から感謝いたします。

　また、いつも大変な業務をいとわないキキスタッフと、応援して
くださるキキ支援者の皆さまにも御礼を申し上げます。

そして、本書の制作・販売に携わってくださった中央法規出版と関係者すべての方々に深謝いたします。とりわけ、新訂版で詳しい事例編を作ることを提案し、よりわかりやすく届けるための工夫を凝らしてくださった編集者の柳川正賢さん。初版本の頃から長きにわたり、本当にありがとうございました。

2024年　初雪の舞う夕暮れに
西隈亜紀

著者紹介

西隈亜紀　にしくま　あき

関西学院大学文学部卒業、日本社会事業大学大学院社会福祉学研究科博士前期課程修了。毎日新聞社に入社し、いじめや不登校、障害児教育、虐待などの教育・福祉問題を追いかけるなか、精神保健福祉に関心を抱き、臨床家への転身を決意。退職して精神保健福祉士の資格を取得し、精神科ソーシャルワーカーとして医療法人社団新新会多摩あおば病院に入職。2013（平成25）年、12年勤めた病院を退職し、心のケアを必要とする若者のためのグループホーム「キキ」を設立、現在に至る。特定非営利活動法人東京フレンズ理事長、日本社会事業大学非常勤講師。精神保健福祉士、社会福祉士、公認心理師。

新訂　心のケアが必要な
思春期・青年期のソーシャルワーク

2024年5月5日　発行

著　者　　西隈亜紀
発行者　　荘村明彦
発行所　　中央法規出版株式会社
　　　　　〒110-0016　東京都台東区台東3-29-1　中央法規ビル
　　　　　TEL03-6387-3196
　　　　　https://www.chuohoki.co.jp/
デザイン　アンシークデザイン
イラスト　メイヴ
印刷・製本　株式会社太洋社

定価はカバーに表示してあります。
ISBN978-4-8243-0066-9

本書のコピー、スキャン、デジタル化等の無断複製は、著作権法上での例外を除き禁じられています。
また、本書を代行業者等の第三者に依頼してコピー、スキャン、デジタル化することは、たとえ個人や家庭内での利用であっても著作権法違反です。
落丁本・乱丁本はお取り替えいたします。
本書の内容に関するご質問については、下記URLから「お問い合わせフォーム」にご入力いただきますようお願いいたします。
https://www.chuohoki.co.jp/contact/

A066